武術の新・人間学

温故知新の身体論

甲野善紀

PHP文庫

○本表紙図柄＝ロゼッタ・ストーン（大英博物館蔵）
○本表紙デザイン＋紋章＝上田晃郷

文庫本刊行に寄せて

本書が、ハードカバーの単行本として刊行されてから、ちょうど満七年が経とうとしている。

以前どこかで、人間の細胞は七年間ですべて入れ換わる、という話を読んだ気がするが、七年経って、文庫本化の話を編集部からいただいて、そのゲラを読んでいるうちに、あらためて、七年という月日の変転の大きさを思わずにはいられなかった。

たとえば、この本が出た当初は、少年漫画的発想だと、これを読まれた多くの読者の方々が思われたであろう「武術の動きをプロ野球に応用すれば……」という記述に関して、これを書いた頃は、プロ野球の選手とは全く何の縁もなかったのだが、その後、私の著書(養老孟司先生との共著『自分の頭と身体で考える』)に関心を持たれた理学療法士・北村啓氏からのご縁で、ベテランピッチャーとして広く知られている桑田選手が来られるようになったのである。そして、私が説く「身体を捻《ね》じらない」という、野球の常識からすれば正反対とも言える動きに持ち前の探究心で取り組まれるようになり、三年目の今年、周囲も驚くほどの成果を挙げつつある。

武術の技のスポーツ（球技系の）への応用に関しては、最初に朝日新聞大阪本社の石井晃氏がアメリカンフットボールとの出会いの機会を作って下さった。次に出会ったのがバスケットボール、そしてラグビー、サッカー、フェンシング等の選手や指導者からも関心を寄せていただき、バスケットボールに関しては金田伸夫監督の率いる桐朋高校の活躍が、テレビで紹介されたり、その桐朋方式の練習法がビデオ化されたり、もするようになった。

また、本書の中でも書かせていただいた畏友《いゆう》の方々にもさまざまな展開があった。社団法人整体協会の野口裕之先生は、その後、協会の中に、それまでの協会の活動とは色彩を異にした『身体教育研究所』を立ち上げられたし、精神科医の名越康文氏は、ずっと勤めておられた府立の病院から独立して「名越クリニック」を開かれ、最近は、漫画の原作や映画評論でも活躍されている。

また、歌手のカルメン・マキ女史は、この名越氏にも加わっていただき、私と三人で書いた『スプリット』を九八年に刊行し、その後ますます歌のほうも深い世界へと入られている。私の武術の身体操作の基盤である「体の割れ」が、このマキ女史の歌『空へ』を聴いたとき、初めて具体的実感を伴って自覚できたことは忘れ得ぬ思い出である。

それから、トレーラーの運転手であった一森秀夫氏は、その天才的器用さを生かして、今はさまざまな改装工事やメンテナンスを請け負う『FEホームサービス』を始めておられる。

そして、私の技の方もさまざまな進展があったが、そのことは巻末の追記に少々述べさせていただいた。

最後に、まだ出会って一年にも満たぬご縁でありながら、過分な賛辞と実に魅力的な語り口で、本書の解説をお書きいただいた、神戸女学院大学教授の内田樹先生に、心から御礼を申し上げたい。

二〇〇二年十一月

甲野　善紀

まえがき

私のやっていること、また、考えていることについて、何か一冊にまとめて欲しい、という依頼を、ＰＨＰ研究所の大久保龍也氏からいただき、その大久保氏に話を聞いていただく形でまとめたのが本書である。

よく、私が武術をやっている、と言うと、「武術って、剣道ですか、柔道ですか」と尋ねられる。その時、「まあ剣術も抜刀術もそして体術その他槍や杖などもありますが……」と答えると、ほとんどの場合よく分からないような顔をされる。そこで仕方なく、「テレビや時代物の小説に出てくるような剣客は、剣があれば剣で、なければ、その辺のあり合せの物や、素手の体術でも、相手をするでしょう。つまり、武術の動きは、本来、道具があってもなくても共通しているものなのです」というような説明をすることになる。

自分のやっていることを理解してもらうために、テレビや小説を持ち出さねばならないというのは、それほど、今、私がやっていることは、現代では例外的なことなのかもしれない。

しかし、そんなマイナーな世界が、テレビや小説を例に出せば、ほとんどの人達が、納得してしまう、というところに、日本人のなかに根強く残っているかつての武術に対する郷愁のようなものを感じる。

本書が、そうした日本人の思いを単なる郷愁でおわらせず、人間の動きの精妙さをあらためて見直していただくキッカケの一つにでもなれば、まだまだ未熟な私が、このような本を出した意味もあったのではないかと思う。

乙亥之年七月十四日

甲野　善紀

武術の新・人間学——目次

文庫本刊行に寄せて　3
まえがき　6
一　心身不離の世界を求めて　19
二　現代武道は明治以後に生まれた　22
三　精神論の問題点　24
四　昔の達人伝説はホラ話か　26
五　鹿島神流、国井善弥の凄さ　29
六　日本武道の存亡をかけた米国軍人との試合　33
七　西郷四郎の勝利にクレーム　35
八　古流の砦、滝野川国井道場　37
九　剣聖達も恐れた男、黒田泰治鉄心斎　42
十　門人三万、各地に伝説を残した武田惣角　44
十一　身体を回さず、捻じらない「井桁崩し」の発見　46

十二　「タメ」を無くす動きの研究　49
十三　夢想願立開祖、松林左馬助のこと　51
十四　『願立剣術物語』が語る古伝武術の精妙な世界　54
十五　滞らずに流れよということ　60
十六　人間は頭のなかに物語をつくって動いている　62
十七　予測が外れた時の人間のモロさ　64
十八　身体の中のオートとマニュアル　67
十九　松林左馬助の超人技の数々　69
二十　左馬助、唯一の不覚　72
二十一　書簡に見る左馬助の心根　75
二十二　四方輪解体　79
二十三　不安定の使いこなし　81
二十四　剣を近く身を遠く遣う事　86
二十五　歌手〝カルメン・マキ〟の存在感の深さ　92

二十六 「地道」という言葉に甘えてはいないか 98
二十七 同じことの繰り返しに進歩はない 100
二十八 異界に棲む者と稽古していた武の先人達 102
二十九 稽古眼目は何よりも「動きの質的な転換」にある 106
三十 身体各部を直接、動きに参加させる 108
三十一 機械作りの大天才、溝口龍一溝口鉄工所社長との出会い 110
三十二 いわゆる科学的トレーニングが達人技を消した 112
三十三 小成は大成を妨げる最大の要素 114
三十四 松林左馬助ならプロ野球で六割は打てただろう 115
三十五 現代でプロの頂点に立つ男、〝雀鬼〟桜井章一 117
三十六 二十年間無敗を支えたプロ中のプロの、そしてそれゆえのアマチュア精神 121
三十七 裏の人が表に出てこざるを得なくなった現代 124
三十八 切迫してきた時代状況が裏と表の境を消して来た 126
三十九 古伝の術を見直すべき時がきた武道界 128

四十　人間にとっての自然とは何なのか　130
四十一　宇宙はなぜ人間を生んだのか　132
四十二　名画はノルマで色を塗っても描けない　135
四十三　教育は自発性を育ててこそ力となる　139
四十四　生き甲斐は「本質的なこと」への関心で培われる　141
四十五　興味を持つことの効用　143
四十六　人間の生死を分けるのは人生を楽しめるか否かだ　146
四十七　人生を楽しむ一森秀夫氏のこと　148
四十八　人間の偉さとは何だろうか　154
四十九　困難にぶつかって行く力の源泉　156
五十　「いまどきの若者は」と言う前に考えるべきこと　158
五十一　切実さが変化を呼ぶ　161
五十二　昔の日本人は歩き方すら現代人とちがった　162
五十三　江戸時代まで一般庶民は走れなかった　164

五十四　古の走りのプロ、早足、早道の凄さ　167
五十五　野生動物の動きにも匹敵できた人々　170
五十六　予測外のものは、あっても見えない　174
五十七　日本の着物は身体を捻じらない伝統的な体捌きを前提にできている　177
五十八　余談、私が洋服を着ない理由　178
五十九　ものに凝る日本人の精神的傾向と刀　182
六十　刀装と鮫皮　189
六十一　砥石のこと　194
六十二　プロの水利き人の凄さ　195
六十三　梅路見鸞無影心月流開祖に見る人間の感覚の深さ　197
六十四　アメリカ人工芸家が驚嘆した日本の鉋の切れ味　201
六十五　パリ博覧会で注目された日本の鋸　202
六十六　手裏剣術の話　205
六十七　武者修行者には不可欠だった手裏剣の腕　208

六十八　武士が決して威張ってはいなかった江戸時代　210
六十九　文化文政期の武士の腰抜けぶりを伝える「松平外記刃傷事件」　212
七十　現代的思考の持ち主として頭角を顕した千葉周作　213
七十一　千葉周作の狡猾さと度量　218
七十二　大流儀を築いた周作の研究心と向上心　222
むすび　226
参考文献　230
甲野善紀著書目録　231
追記　232
解説　内田　樹　239

武術の新・人間学

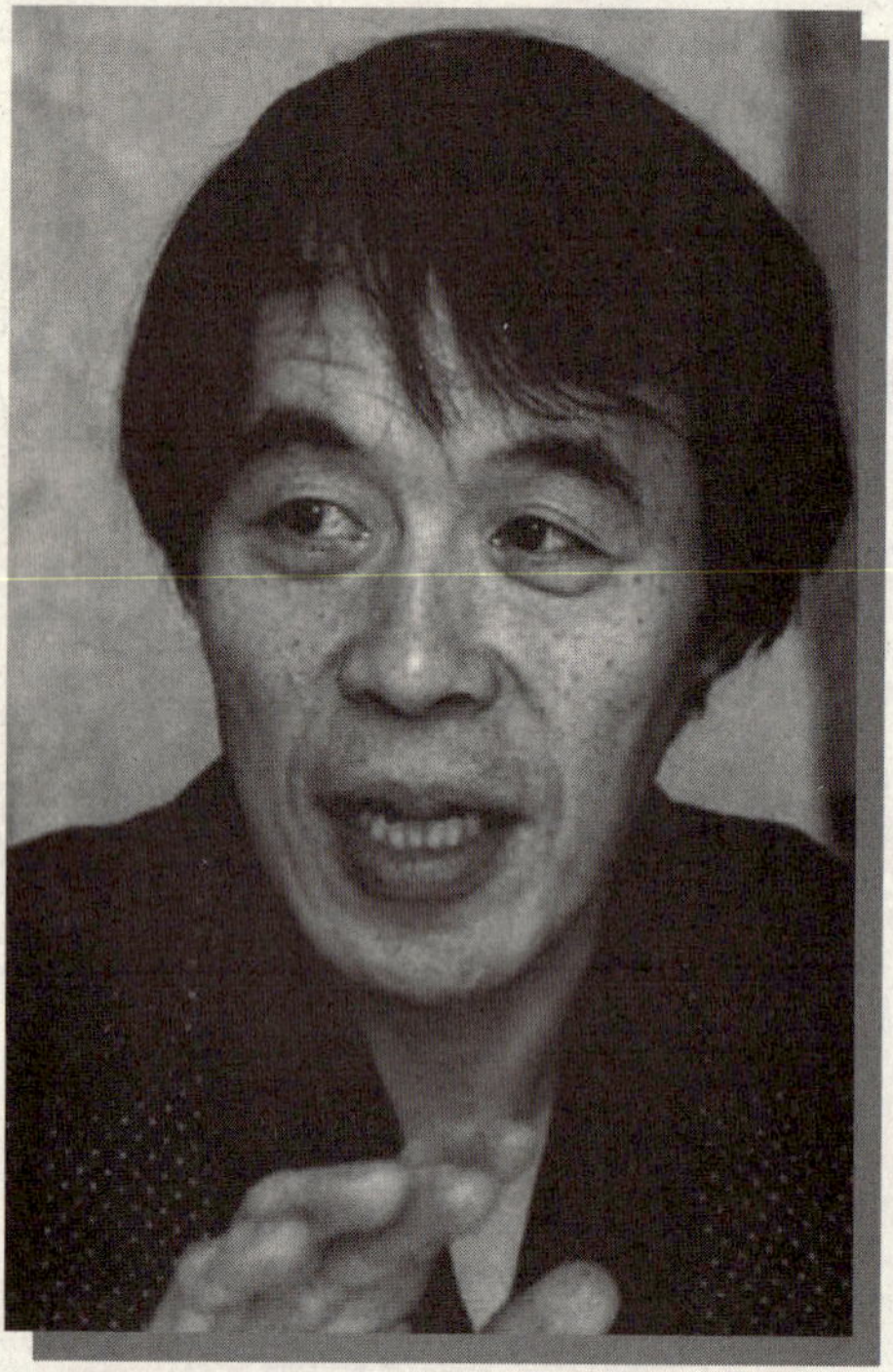

一、心身不離の世界を求めて

本書でお話したいのは、なぜいま時、武術の見直しが重要なのか、ということです。

よく、現代のようなミサイルや核のある時代に、いまさら刀を振り回したり、ましてや刀も持たない、素手の体術――体術というのは、普通、柔術と呼ばれているようなものですが――でもないだろう、というふうに言われたりします。

しかし、どんな近代兵器を操っているのも、実は人間ですよね。人間が指でキーボードを叩いたりとか言葉で命令したりとか、とにかく「肉体」を通して、一つの表現をする必要がどんな近代兵器に対しても生じる。

ところが現代では、何かを行なおうとする場合、その元になる人間そのものの、身体の使い方というものを考える機会は、ほとんど無いに等しい。日本を含め東洋というのは、心身を分けていませんでしたから、身体の使い方ということは、すなわち精神の使い方でもあるわけで、つまり、「心身不離《しんしんふり》の世界」というものを摑むことが、昔の武術の目的であったのです。そして、その「心身不離の世界」というものはどういうものであったかを、単に「精神修養のために」といったレベルの考え方ではなく、具体的かつ術理的に検討し直して、現実に再現してみることも現代においては意味があるのではないかと思うのです。

この間、京都で、整体協会の野口裕之《のぐちひろゆき》先生の講演を聴いたのですが、そのなかに、「なぜ芸術が尊ばれるか」という話があって、「芸術というのは、手段が進歩しないから尊いのである」という解釈を聞かせていただいたのです。たとえば絵筆というのは、何百年前にもありましたよね、それから楽器にしたってそうです。

つまり、芸術の中でも一番尊ばれるものというのは、そういう手段が何百年昔と変わっていないもので、やはり映画などよりも、絵とか書とか彫刻そして楽器など、それに使われる道具が、昔もいまも変わっていないものが芸術という面ではよりランクが高いのだという話でした。

このお話を聴いていて、私が「何でいまの時代に武術なのか」ということの答えが、そのままそこにあるな、と思いました。つまり、手段が変わらないということが重要なのです。

この話をされた野口裕之先生は、社団法人整体協会を創設された、故野口晴哉《はるちか》先生の御次男で、私より一つ年上ですが、その、人としてのセンスの良さは、ハシゴをかけてもはるかに及ばないというほどの方で、私にとってかけがえのない畏友のなかでも、一際光る方です。

先代の野口晴哉先生は「人の身体を観て調整することにかけて、この人の右に出る者はいない」とまで言われた方で、かつて、現代医学の組織の頂点に立ったある人が、「本当は私も野口先生に観てもらいたいのだが、立場上行けない」と、もらした話が伝えられているほどの大天才で、その伝説的エピソードは数知れません。

普通、天才は二代はつづきがたいと言われているのですが、例外もあるのだ、ということは、裕之先生に接してみて、最近、身にしみてきました。

とにかく何気ない、世間話のような時でも予測を超えるような答えがしばしば返ってきてしかもそれが深い説得力を持っているのです。

私が、私の武術を現在のように展開することができたのも、心と身体の関係を絶妙な観方をする、野口晴哉先生の思想と出会い、その後これを新たな視点から、独特の展開をされている野口裕之先生とおつきあいをさせていただいたことがどれほど力になっているか分かりません。

二、現代武道は明治以後に生まれた

さて、その武術ですが、なぜ、私があえて「武術稽古研究会」というふうに言っているのか、普通よく言うように武道と言ってもいい筈なのに何でそう言わないのかというと、明治に入る前は「武道」という名前はほとんどなかったからなのです。

「剣道」という名前も、昔、阿倍立《あべりゅう》といった一派が、「剣道」という言葉を使ったりしたんですけれども他にはほとんどなかった。また、「柔道」というのも直心流《じきしんりゅう》という流派が、その言葉を、江戸時代に使っていたことがあるんですが、あとは全部、「柔術」でした、柔の術であると。

それが何で「武道」というふうになったかというと、講道館《こうどうかん》の嘉納治五郎《かのうじごろう》初代館長、あの柔道の創始者が、「術」という、小乗的な世界を脱して、「道の大乗」ということを主張し始めて、「柔道」と名乗られた。そして、それからは滔々《とうとう》として、皆、それを見習って、剣道だ、空手道だ、合気道だ、道、道と言いだして、その格付法も講道館に倣って、初段とか二段とか、段位制をとりだしたんです。

女性の乱取を見守る嘉納治五郎

（写真提供：毎日新聞社）

段は、元々は天神真揚流《てんじんしんようりゅう》という柔術のランク付けに初段位、中段位というのがあって、そこからとって、初段、二段、三段というものを創ったと言われています。

それが今では、武道界だけではなく囲碁や将棋にまで波及していますから、やっぱり嘉納治五郎という人の影響力というのは、大変なものがあったと思いますね。

三、精神論の問題点

でもそうなって、精神論が罷《まか》り通るようになってから、「勝つのが目的じゃなくて、精神の修養こそが大切だ」ということが、盛んに言われはじめました。そしてそれが本当にそうならいいのですが、どうやら単なる未熟な技術の言い訳として、使われるようになっている傾向が多いのです。

たとえば弓道なんかでも、単に技術が下手なのを、「いや、これは当てること自体が目的じゃないんだ」と言ってとりつくろうという、一種のファッション的精神論というか、これは日本のいろいろな分野のなかにもあると思うんですが、精神論がデコレーションになってきているように思います。

また逆に、たとえば柔道で、これは「精力善用《せいりょくぜんよう》である」とかって言っていても、いざ、オリンピックとでもなれば「勝つためになら何でもやる」という形になってきてしまうわけですから。

そしてその手近な方法として、いわゆるウェート・トレーニングをやるようになったわけですね。つまり同じぐらい技術を知っている同士が戦えば、力が強いほうが勝つという、単純なことになってきているわけです。

現実に柔道の場合、無差別級というのがありますが、では無差別級に普通の体格の人間が出るかというと、そういうことはあり得ないですよね。絶対重たい人が出るわけです。

そこで、「じゃあ、昔、小柄な老人が、血気盛んで腕自慢の武道家を軽くひねったということは、あれは嘘だったのか」ということになってくるわけです。

そういう風に武道界には問題点が、次々に出てきているのですが、なかなかそうした状況を解消しようとする動きがないのが現状です。それで私は武道と言わずあえて武術と言うように、術にこだわることを言明したのです。

私は、「術《じゅつ》」があればそれができたと思うんです。単なる繰り返しの延長線上にある稽古では全く身につかない、まさに「術」と呼べるほどの身体の使い方。それがあったから、単にウェート・トレーニングや何かで、筋肉を付けて強さを競うものとは違う世界があったのだと思います。

それで、そうした世界の再現を目ざして、その研究に対して、自分が逃げださないように、言い訳をしないようにするために、あえて「武術《ぶじゅつ》」と「術」にこだわる名前にしたのです。けれど、べつに私のやっていることを、「武道」と他の方が言ってくださってもそれは一向に構わないし、私はべつにそういうことで、「あくまでも自分は武術で、武道じゃないんだ」と、こだわるつもりは全然ないんです。武術と言って術にこだわるのはあくまでも、自分自身の自戒のためですから。

四、昔の達人伝説はホラ話か

ところで、私が考える武術の世界というのが、いまの現代武道のなかに少しは残っているかというと、これはもう全くと言っていいほどないわけです。つまり剣道とか柔道を見た場合、剣道しかやっていない剣道家は竹刀《しない》を持っていなければ、血気盛んな柔道家に対して、何とかなるかということは、まずあり得ないわけです。

ところが昔の、それこそ剣豪小説だの、いまも盛んな時代劇の、テレビなんか見れば、剣客でもすべて素手の体術に通じています。そういうドラマのなかでは暗黙のうちに、剣が使えた人間というのは、柔術も使えたんだなというような、一般認識はあるのですけれども、現代武道を見る時は、皆、頭を切り換えているわけですよ。

これはちょっと余談になりますけど、面白いと思うのは、やっぱり日本というのは、ある意味で超常現象とも言える「殺気《さつき》」とかを、暗黙のうちに、皆、了解しているんですね。

つまり西部劇なんかでは、どんな早撃ちのヒーローでも、後ろからこっそり忍び寄られた者に、あえなくドンと頭をなぐられて気絶しますけど、日本の時代劇の場合は、主人公の剣の達人は女子供を人質に捕られたりして、やむなく刀を渡すとかいうことはあっても、いきなり後ろからドンとやられることはないですからね。

そんな頼りない主人公だったら見る気にならないという、そういう前提があるでしょ。呆気《あっけ》なく、隙を衝《つ》かれてやられたら、やっぱり、皆、興ざめになっちゃうわけですよ。つまり日本の時代劇の主人公になるような剣の達人というのは、騙《だま》し討《う》ちに遭っても、それを殺気として感じて、必ず対応できなければならないということが、不文律としてあるわけです。

ところが外国の場合、もし不意討ちが分かるとすれば、鏡に映ったとか、チラッと影が見えたとかと、必ず理由付けがあるんです。そうでなければ、あえて前提条件として、「こいつは超能力者なんだ、だからテレパシーで分かるんだ」という、設定が必要なんですよ。そうでなければ外国の場合は、見ている人間が納得しない。

ところが日本の場合は、逆に、そういうものは全然要らないから、もしそんなふうに、単純に不意を衝かれて、あえなくやられたら、興ざめになるという構造があるわけです。

つまりそのくらい、皆、暗黙のうちに、それほど質的に違うんだという……つまり「武術の達人なら、そのくらいのことは当然できなきゃおかしい」というのがあるわけです。ところが現代の現実は剣道家は剣道が専門ですから柔道家のようなことはできなくても当然という、昔話からみれば、凄いギャップがあるわけです。ところが、日本という国はそのギャップを共存させているんですから不思議ですね。

ですから、剣道なり何なりの、現代武道の大家といわれるような人達、まあ、いろいろいらっしゃるでしょうけど、そういう人がお酒を飲んでいる時に、「昔あったような凄い達人のエピソードはいったいホラ話だと思いますか、本当にあったことだと思いますか」と聞けば、これは統計をとったわけじゃありませんから分からないですけど、ほとんどの人達は実感としては、信じておられないようなんですよ。現実に、そういう段違いの技術があったということをね。

人によっては、「いや、それはできた」と言う人もいるかもしれませんが、もし本当にそのことを信じているなら、「それを探究しない」、ということはずいぶん怠慢な話です。そして実際には、そうした昔の剣客の術理を具体的に研究しているという人の話は全くと言っていいほど聞きませんから、やはり本気で信じていないのでしょう。

けれど、公には、皆、そうは言えない。なぜかというと、「昔の剣客というのは凄かったんだ」ということを言っておかないといけない、というきまりごとみたいなものが剣道界にあるからです。だから、誰も「昔の剣客なんて、本当は凄くなかったんだぞ」とはなかなか言えないわけです。そういうところがいかにも日本的なたてまえ社会ですね。

五、鹿島神流、国井善弥の凄さ

さて、私はというと、そういう凄い技は、昔は絶対にあったんだろうと思って、追っかけてきたわけです。そのうち、合気道の植芝盛平《うえしばもりへい》という人は凄かった、という噂を聞きました。たとえば、かなりの年配になってからも、日本でも代表的な柔道家や相撲とりをまるで子供扱いにしたとか、有名な剣道家が竹刀で本気で打ち込んで来るのをみな捌《さば》いて抑えたとか、その数々の神技的な、昔の武術家と同じようなエピソードを知って「ああ、やっぱりそういうのは本当にあったんだな」と思ったのです。

ところが現実問題として、私がそういうことをまのあたりに見たいなと思った時に、体現できる人が、いなかったわけです。その当時一番凄いと言われる合気道家といえども、竹刀を持った現代剣道のチャンピオンと試合をして勝てるかというと、まず不可能でしたしね。柔道の人とやっても、まるで問題にしないなどということはたいへん難しいでしょう。

そうすると、私自身の周囲を見回してみた限りでは、私が、本当に凄い技ができたに違いない達人が昔は存在したと思うことは、私個人の単なる信仰《しんこう》でしかないのか、ということを考えさせられたわけです。とにかく実証してくれる人がいなかったわけですから。

それでも何かあったんじゃないかと思っている内に、ある時、鹿島神流《かしましんりゅう》の国井善《くにいぜん》弥《や》という人の噂を聞いたのです。この先生は道之《みちゆき》が号で、国井道之という名前でも知られていますけど、この人がすごく使えたらしいという。そして調べてみるとどうやら間違いなく、亡くなる最晩年まで他流他武道を相手に身体を張って凄い技を見せられているんですね。昭和四十一年に亡くなってますから、ちょうど私がそう

植芝盛平

（写真提供：合気ニュース）

いうことに興味を持つわずか数年前まで生きていらした方です。とにかく凄いエピソードがたくさんあったのです。

なにしろ、この国井先生は現実に柔道が来ようが、空手が来ようが、ボクシングが来ようが、相撲が来ようが、皆、受けて立ったのです。しかも、亡くなる本当に直前ぐらいまで。

そうした晩年、ある拳法の学生チャンピオンが来て、突いて来るところを、バサッと崩して、「何だ、おめえ、それでチャンピオンか」と、からかったというただならぬ話があって、しかも、それがはるか何百年昔のエピソードということではなかっただけに大変な説得力がありました。

国井先生がすごくできたということは、今も多くの証言があります。ただ、本当に妥協の嫌いな先生で、それだけに口も悪く、他流派や他武道からはずいぶん嫌われていたようです。

それはたしかに嫌われると思います。たとえば現代剣道に対しても、「きみらぁ、剣道、剣道と言うが、剣道とはいったいどこに存在しとるのかい。竹刀をチョンチョン打ち合って、『お面、お胴』だなんてわめいている。あれが剣道だと思ったら大間違いだ」とかね、もう言いたい放題言われていましたから。

六、日本武道の存亡をかけた米国軍人との試合

けれどこの先生は現代剣道を救ったんですよ。というのは、戦後、GHQによって剣道が全面禁止にされたことがあったんです。そこで、「いや、剣道とはそんなものじゃない」ということを、理屈で言っても駄目だから、なんとか事実でGHQに理解させようという目的で、米国のそうした武器術のエキスパートと、向こうは真剣で、こっちは木刀で、しかも相手を傷つけずに、完璧に負けを認めさせることによって、日本武道の奥深さを知らせようと、百の説法よりもそれがいいだろうということになったんです。

そうして人選をしたら、そこまで、日本の武道界の命運全部を託せるのは、やっぱり国井善弥しかいないということで、当時、五十代でしたけれど国井先生が選ばれたそうです。それで相手は米国きっての銃剣術のエキスパートで、レスリングも強い。国井先生が選ばれた理由は素手の格闘に持ち込まれても大丈夫な者でなければならないということもあったようです。

国井先生を選んだ時、剣道家達は、さも悔しそうに、国井善弥という名を出した

そうです。なにしろいつも剣道の悪口を言われていましたからね、できるならばこの名を口にしたくなかったようですが、絶対負けられないとなると、やっぱりこの人物しかないということでね。

なにしろ相手はレスリングもやっていて、場合によれば、取っ組み合いになるかもしれんということを考えた時、組んでも良し、突いてきても良し、組みつこうが、武器で来ようが、どうでも受けて、絶対負けない、日本の代表として勝負を託せるのは国井善弥しかいない、ということだったそうです。

なにしろ負けるわけにいかないのですから。これはちょうど明治維新の時でも、いざとなれば、それこそ牢獄のなかに入っている囚人でも出してきて、使わなきゃならなかったという状況とよく似てますね。

それで立ち合った結果は圧倒的な強さで、相手を傷つけずしかも感服させて勝負を決めたようです。

そういうことで、本来なら、剣道界は国井先生を恩人として感謝したいところなんでしょうが、その後も、ますます剣道を罵倒されていましたから、表だって感謝の意を表わすこともできなかったのでしょう。

七、西郷四郎の勝利にクレーム

他にも、国井先生のエピソードというのは面白いのがありますよ。柔道小説の『姿三四郎《すがたさんしろう》』が有名になった時――姿三四郎というのは、西郷四郎《さいごうしろう》という講道館四天王の筆頭だった人が、モデルなんですけれども、この西郷が警視庁の肝煎りで柔術対柔道のいわば天下分け目の試合をするんです。西郷の相手はハッキリせず照島太郎《てるしまたろう》という説もあるし、好地円太郎《うけちえんたろう》という説もあるんですけど。これに対して、西郷は有名な山嵐《やまあらし》という技で勝ち、それで講道館が不動の地位を占めるようになったと言われています。

ところが、実はその西郷四郎が、山嵐で勝つ前に、立ち合って、すぐ絞め落とされてしまって、実は最初に負けていたという言い伝えがあるわけです。ただそれが、あんまり呆気ないんで、「もう一度」となったら、今度は、西郷が凄い派手な勝ち方をしたから、講道館が勝ったように見えるけど、実は西郷、本当は負けてたんだということです。

国井先生は、その話を、ある武道雑誌に「発表しろ、発表しろ」と盛んに言っていらしたそうです。古流《こりゅう》の立場の人間として、講道館のために、古流がこけにされたのが、すごく残念でしょうがなかったんでしょうね。

この有名な柔道小説、『姿三四郎』、書いた人は、富田常雄《とみたつねお》という人ですが、実はこの人は、富田常次郎《つねじろう》という講道館の一番最初の門人で、嘉納師範の書生をしていた人の息子さんなのです。

こうしたいきさつがあって、ある時国井先生は、この『姿三四郎』によって古流がけなされているのが腹に据えかねたのか、この富田常次郎七段のところへ、「柔道に対して、柔術はそんなに弱くはない、ためしに、俺とやってみよう」と、乗り込んでいったんです。そしたら、門人に「いや、先生はご病気ですから」と断られて、「嘘《そ》だろ」ってバーッと入ってったら本当に風邪で富田師範が寝ていて、何か気勢を殺がれて、すごすごと帰ったというような話も伝えられています。常々、「あんなものは雑巾《ぞうきん》ダンスだ」とか言ってね……もう、凄まじい気焔《きえん》をあげておられたようですが、その裏でよく柔道の技は研究していて、決して口だけの人ではなかったところが流石《さすが》だと思います。

八、古流の砦、滝野川国井道場

私が保存している『アサヒグラフ』の昭和三十五年十月二日号には、「剣道を小馬鹿にし、柔道をせせら笑い、合気道を鼻先で片づける」「二十一畳の滝野川の道場は、古流の砦である」というような表現で国井先生が紹介されています。

国井先生は現実に立ちあいを要求してきたものは、全部受けて立ちましたからね。剣道家であろうとボクサーであろうと。その辺が他の古流の武術家と全く違うところでしょう。いま、古流の武術家のなかには、やっぱり竹刀では現代剣道には勝てる自信がないからか、「真剣はそんなに竹刀みたいに軽くないから、実際となれば、真剣とは違うんだ。竹刀に負けても真剣がある」というようなことを言うようですけれど、やっぱりこれはちょっとおかしな話です。

なぜなら竹刀だって、防具なしで打ち合えば打たれ方によったら大怪我をするわけですから、いざという時竹刀しかない場合に、「竹の棒には負けても真剣では負けない」というわけにはいかないでしょう。

その点国井先生の場合は、全て相手の条件を呑んで立ったようです。たとえば柔道家が来て、「一応、突き蹴りはなしだ」となれば、「分かった」と相手にあわせた形で……。

ともすると古流系統の人達は、「いまは本当に身体の小さい者が大きな者を制するのに有効な、当て身技とか逆技《ぎやくわざ》とか、そういうのが全部封じられているから柔道に負けるんだ」と言いますが、そしてたしかにそういう見方もできるかと思いますが、国井先生の場合は、相手方のルールを呑んで立ちあったようです。

それでもほとんどの場合、圧倒的な勝ちを制せられたようですから、やっぱりそこには、動きの質の違いというものがあったのだと思います。残念ながら、私は、直接国井先生には、お目に掛かれなかったんですけど、こうしたエピソードを、直に見聞きした方々から聞き、「これは本当に使えた人だな」ということで、二年ほど、その国井先生の最晩年の門人だった野口弘行《のぐちひろゆき》先生という方について私としてはずいぶん情熱を傾けて、稽古をしました。

その頃から、国井先生のエピソードをあっちこっちで聞き集めていたんですけど、傑作なエピソードがたくさんあるんですよ。

たとえば、映画か何かの武術指導に行くと、「はい、本番です」という時に、「あぁ、駄目駄目駄目……」って、すぐカメラの前へ出てきて、「おめえ、駄目だな」と主役の俳優に文句をつけ、脇役の俳優に向かって、「剣はおめえのほうが筋がいい

国井善弥

（『武道日本』森川哲郎著・プレス東京刊より）

から、この役はおめえがやれ」とかその場を仕切っちゃって、皆、参ったという話もありました。「なにしろ、『違う違う』って、すぐ出てきちゃうんで監督や俳優も、誰も何も言えなくて、参りましたよ」と当時を知る方がなつかしそうに話してくださいました。

そのほかある剣道関係の大会があって、終わりに居合《いあい》を、そこの会長か、誰か偉い人が抜き始めたら、「なんだ、おめえ、そんなんで人が斬れると思うか」なんて大声で言われて、どっかどかその演武の場に乗り込んできて、「おめえ、ちょっと俺にその刀を貸してみろ」とか言われて、もう演武が滅茶苦茶になってしまったとか。それで当時は、よく皆が、「まさか国井さん、来てないだろうな」って、演武する前に周りを見回すようになったそうです。

それから昔の古武術の演武会なんかで、見ていた人のなかに、「ああ、あんなの形だけだよ」などと言う人がいようものなら、「おい、ちょっときみ、わしが相手になる、好きなようにかかってこい」と言われたりしたそうです。それから会場を見渡して、「誰かこんなのは大したことがないと思う奴がいるかもしらん、わしが相手になろう、誰でも出てこい」とか。

戦後すぐぐらいは、結構、血の気の多い人もいたので、出てくる人もいたらしいんですけど、そんな人が出てくると、もう喜んで相手をされたそうです。

また、お客として、誰かの家へ行って、そこでたまたま横にいた人が武道の話しを始めて、「ぶ」なんて言いかけたら、「お、おめえ、表へ出ろ！　思いっきりかかってこい」って、まるで喧嘩みたいなもんで、とまらなかったらしいですね。

まあ、そういう本当に無邪気でいちずな人だったようです。ですから他流試合に誰かたずねて来るとまず、門弟《もんてい》を出すなんてこともほとんどなくて。もう最初から自分で立ちあわれたようです。「イキのいいうちに楽しまなきゃ」ってことでしょう。

でも相手に大怪我をさせるというようなことは、なかったみたいですね。受身のとれない者をいじめるような、そんなことは決してなかったそうです。

ただ圧倒的に、「どうだっ」という感じがあったようです。たとえば、突いていった者をどっと払って、次に蹴ってきた者がいたら、「お前、突きを払われたのにもっと遅い蹴りでくる馬鹿がいるか」とかね。

身長は低かったんですけどね。本当にがっしりした身体で、武の技に対しては、情熱のかたまりのような方だったようです。

それでまた、非常に純情なところもあった人で、新陰流《しんかげりゅう》系統のある人の写真を門人が見せたら、「こんなのは」って例の如くぼろくそにその時は言われていたのに、何年かしたら、「いつぞやの写真だが、あれは柳生《やぎゅう》の隠し太刀《かくだち》といって、実に深い意味があったのだ、わしは知らなくて恥ずかしい」と言って、もう写真を見せた門弟の人も忘れていたのに、おいおいそこで泣きだすような、そういう純粋なところがあったようです。

九、剣聖達も恐れた男、黒田泰治鉄心斎

その後、私が武術稽古研究会をはじめてから縁ができた、駒川改心流《こまがわかいしんりゅう》剣術や民弥流《たみやりゅう》居合術の道統を継がれていらっしゃる黒田鉄山《くろだてつざん》先生の祖父にあたる、黒田泰治鉄心斎《くろだやすじてつしんさい》という方が、また昔話の中から抜け出して来たのかと思えるほどできた人だったようです。しかもこの方は昭和五十年まで生きていらしたのです。

この方はおとなしい人で、国井先生みたいに型破りじゃありませんでしたから、国井先生より一層目立たなかったんですが、現代剣道の剣聖と言われた、中山博道《なかやまはくどう》とか高野佐三郎《たかのささぶろう》とか、そういう人達にとっては、ものすごく気になる存在だったようです。

国井先生のような型破りの方ではないですから、「あ、どうもどうも」という感じ

で演武会の折などは周囲に挨拶をされるのですが、それでも京都の大会などに行くと、「あ、これはまたいやなもんが来たな」という感じで、そういう剣道の大家と言われる人達から見られたそうです。

べつに、国井先生みたいに、文句を言って会場に降りていくわけじゃないんですけれど、桁違いに腕が上の人から見ていられると大家と言われる人もいやだったんでしょうね。

なにしろ、この黒田先生は居合の抜きつけで一抱えもある柿の木を斬ったり、日本でも有数の剣道家を相手にしても相手が何もできないうちに、一瞬で三本とってしまう、それに力士五人に抑え込ませて簡単に起きてしまうことができるような方だったようです。

つまり戦後でも、そういう方がポツポツいらしたんですね。植芝先生は合気道の開祖として、いろんなエピソードがたくさん知られてますけど、国井先生はちょうどその植芝先生との好ライバルというか、同時代でしたからね。何度も植芝先生の所へ出掛けていって、「俺とやれ」とか言うことがあったらしくて。そうした時植芝先生は、ある面で大人といえるでしょう、事を荒だてず、避けられたらしいですけど、もし実現していたら凄いことになっていたでしょうね。

十、門人三万、各地に伝説を残した武田惣角

戦後もこのような凄い方が生き残っていらっしゃいましたが、戦前はさらに使えた人が何人かはいらしたようです。たとえば、そのなかの一人が、合気道開祖の植芝盛平先生の師匠だった、大東流《だいとうりゅう》合気《あいき》柔術《じゅうじゅつ》の武田惣角《たけだそうかく》という人でべらぼうなエピソードをたくさん持っていた人ですね。

この人も身長は五尺（百五十センチ強）ぐらいで、体重が十二、三貫といいますから、五十キロなかったような人ですけれど凄まじい迫力があった人のようです。

よく知られているのが、大阪朝日新聞社で約二年間、久琢磨《ひさたくま》というもと関西の学生相撲で横綱をはってた人を中心とする自警団《じけいだん》の団員を教えた話です。

この当時は、社会情勢が不穏《ふおん》で、大阪朝日では右翼が乱入して、輪転機に砂を撒いたりとか、いろいろあったので、朝日の中の社員で柔剣道のかなり鳴らしたものが、自警団をつくったんです。そして、その隊長格が久先生だったのです。

最初、久先生は、「こんな小柄なじいさんが」と思ってかかっていったら、もう凄まじい勢いでやられてしまったそうです。久先生は、前から合気道開祖だった植芝

先生について習っていたのですけれど、植芝先生の先生にあたる武田先生とやった時は、もの凄く驚いたと言いますから、やっぱり一段と凄まじかったんじゃないかと思います。

それで二年にわたって、この自警団で惣角師が教えられたようですが、その内容は剛の者がヒーヒー言って、稽古に出てくるのを嫌がったというぐらい激しかったそうです。その時、武田先生はもう既に七十を超えてますからね。それでも血気盛んで体格のいい者が、抑えこまれ、投げ飛ばされて、どうにもならなかったようです。

それもたまたま何かの拍子にというんじゃなくて、二年にわたってずっといやというほど感じたということですから、やっぱりこの人の技術というのは凄まじかったのでしょう。そういう話を聞くにつけ、術の世界があるというのは、単なるお伽話《とぎばなし》じゃないなと改めて思いました。

武田惣角
(写真提供:合気ニュース)

十一、身体を回さず、捻じらない「井桁崩し」の発見

しかし現実問題として、私自身のなかにそういうものの手がかりがあるかというと、現実的には難しくて、そういう桁外れな技術というのはある筈だ、という信仰の域からあまり出ていなかったのです。それがいまから三年ほど前に、「井桁崩し《いげたくず》」と私が名付けた、身体を回さず、捻《ね》じらないという動きを発見してから、にわかにそうした桁外れな技術というものが現実にあることが実感できるようになってきたのです。

この発見のキッカケはすぐれた古伝の武術を現代に伝えていらっしゃる黒田鉄山先生とおつきあいをさせていただいたお陰ですから、黒田先生には大変感謝をしております。

その井桁崩しというのは、井桁に組んだ形、つまり平行四辺形が変形していく様子をモデルとしたものです。これは略して「井桁術理《いげたじゅつり》」と呼んでいますけれど。要するに平行四辺形が変形することの運動によって、身体の動きを説明しようとしたものです（左図参照）。つまり、よく円の運動とか、円の動きとか言っていますが、

井桁崩しの概念図

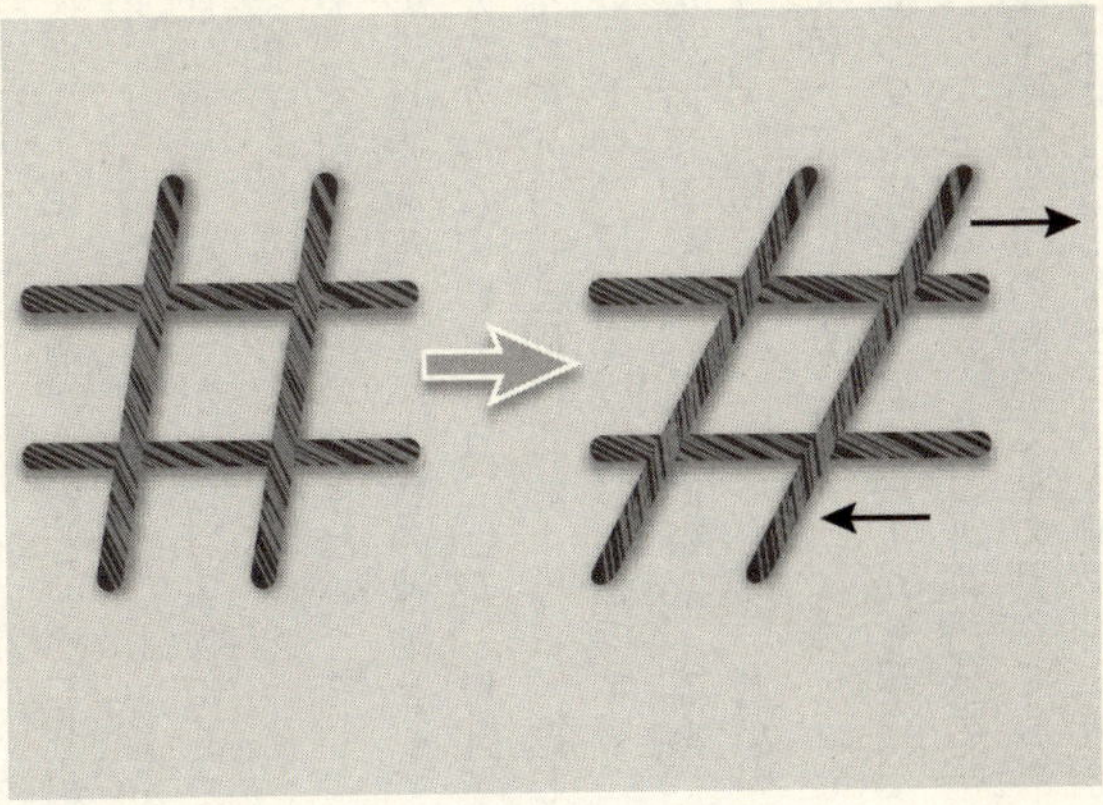

ヒンジ運動の概念図

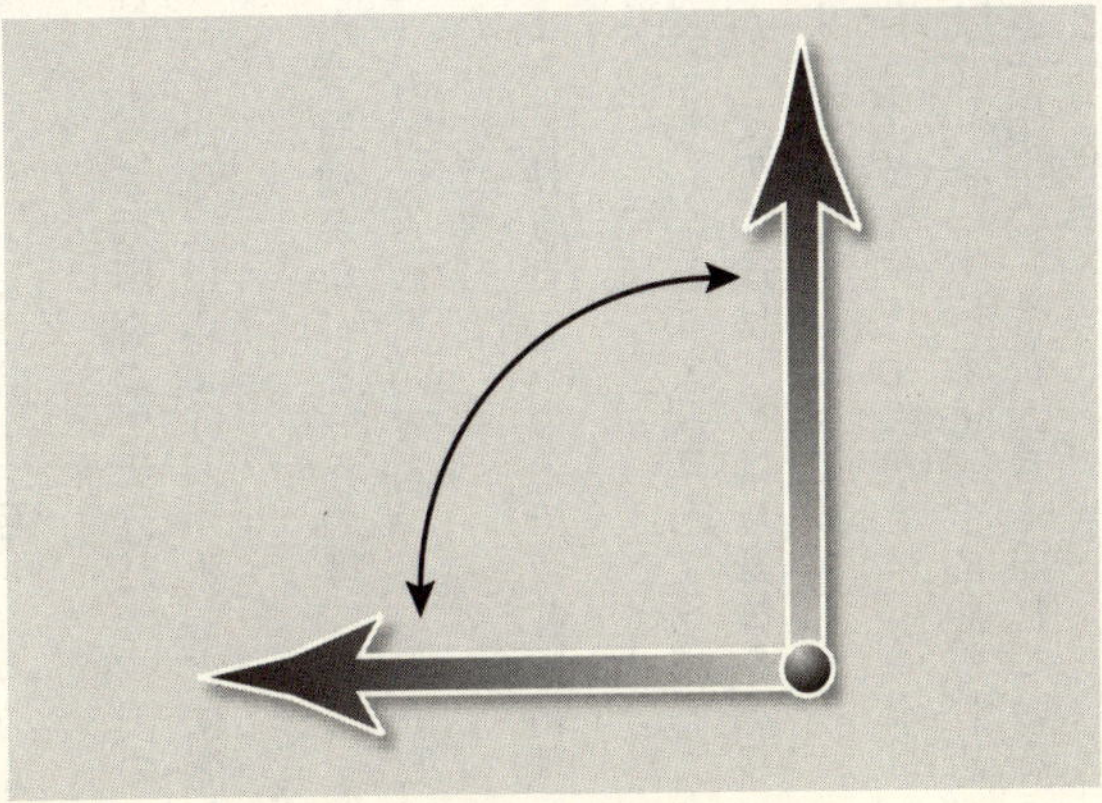

それは支点が決まった、ワイパー状のヒンジ運動――このヒンジ（hinge）って英語ですが――に、問題があるということが分かったのです。

　このようなヒンジ運動は、これも確かに見方によっては円なんですけれど、円の半径に相当する部分が直接対象物にあたるわけですから、止めようとすると実に簡単に止められるわけです。

　そこで初めて、円の動きといっても、なかなか普通効かないというのは、実に、この支点のあるワイパー状の運動をしていて、「これで円だ円だ」と言っていたから効かなかったのだということが、自覚されてきたわけです。

　それで、身体を回さないように、捻じらないように使うということで、井桁術理という一つの原理を設定したのです。

　その時に初めて、昔の武術家、まあ、昔でなくても、いままで説明してきましたように、昭和に入ってからも凄い人がいましたが、その人達は、やはり身体を捻じって使ってはいなかったんじゃないかということに、気がついたんです。

　こういうことに気がついてから現代でもごく僅かですが術として使える技を体現されている方々、たとえば沖縄古伝の空手を伝えていらっしゃる心道会《しんどうかい》の座波《ざは》仁吉《にきち》先生や座波先生の高弟で私の畏友でもある宇城《うしろ》憲治《けんじ》先生の「帯が大きく揺れているうちは駄目だ」などという御説明に納得がいったのです。

とにかく、講道館の柔道、その他、現代剣道でもそうですけれども、だいたいワイパー状のヒンジ運動と捻じりの動きがごく当たり前に使われているわけですね。それが大前提である限りは、やっぱりどのようにその枠の中で工夫してみても、ある程度慣れれば、力の強い者、身体の大きい者が勝つということに、どうしてもなってくる。結局、梃子《てこ》の原理ぐらいしか、有効な技の説明方法がないわけですから。ただこれではある程度、相手に分かってしまうと、それに対応されてしまいますし、相手がもの凄く力があったら、その梃子の原理で、普通の相手なら崩せるところでもガッと抑えられたらそうはいかないでしょう。

ですから、それ以外には何があったかというと、「それは鍛練が違うんだ」とか、何か非常に曖昧《あいまい》な説明しかできなかったわけです。

十二、「タメ」を無くす動きの研究

ところが身体を回さないで使うということが分かってから、相手に作用する気《け》配《はい》とか感覚が、全然違うなということが分かってきたのです。

それはいわゆる〝気《き》〟とか、そういう曖昧なものではなくて、たとえば身体を回した普通の使い方では、身体の動きのタメが出るからダメだということが分かってきたのです。ところが普通は「タメがある」のが重要だと言いますよね。ボクシングでも野球やゴルフでもタメがあるというのは、溜めといてドッと大きなエネルギーを出すということなのでしょうが……。

このタメはだいたい捻じりで出るんです。ですから、それがないと、普通はすごく頼りないように思うんですけれど、タメをつくっている間に、相手がもう対応しちゃうんです。なぜなら、方向がはっきり分かるので、相手に対策を練られてしまうからです。

だからそのタメがない動きをする必要があるのです。そして、その動きはまたアソビがない動きであります。アソビがあってタメがあるというのが、どうしても普通の動きなんですけれど、アソビがない、タメがないという、動きの重要性を、この井桁術理に気づいてから本当に身にしみて認識しました。

そうしているうちに、人間の動きというのは、ヒンジ運動はよくないと言っても、たとえば肘《ひじ》の関節なんか見たって、基本的には、やっぱりある種のヒンジ運動を必ずしているわけです。つまり前腕に対して、上腕は、必ず、どんな名人といえどもヒンジ運動はしているわけですから……関節の構造上、それだけは避けられないんです。

でもその避けられないヒンジ運動の動きをうまく組み合わせて、相手に作用させる時、それが結果としてヒンジ運動になっていないようにするということに、〝術〟としての工夫のしどころがあるなということが分かってきたのです。つまり、結果として、相手がヒンジとして感じないような状態をつくるということです。

十三、夢想願立開祖、松林左馬助のこと

そういうようなことをいろいろやっていくうちに、「円の動きは良くない良くない」というふうに言っていても、昔の原理にも、円の動きはいろいろ説かれているわけです。

ですから、円の動きの問題点を言いはじめた当初から、円の動きの見直しをしなければならないと思っていたのです。そして、私がこの問題に悩み出した頃、手に入れた、『願立《がんりゅう》剣術《けんじゅつ》物語《ものがたり》』という本があるんですけれど、この本が、この円の動きの見直しにものすごく参考になりました。〝がんりゅう〟というのは願いが立つという。これは正式には「夢想願立《むそうがんりゅう》（流）」と言う、信州に生まれ育った松林《まつばやし》左馬助《さまのすけ》という人が開いた流儀です。

この松林左馬助という人は、十五歳の時に霊夢《れいむ》、つまり夢で何かただならぬものを見て、それで深く感ずるところがあって、浅間山に籠もって三年間、一人で修行をして自得するものがあり、わが願いが立ったという意味で、願立と名付けたんです。これ、「立」というのは、普通と同じに「流」とも書きますけれど、実際は願立、願いが立ったと書くのが正式なようです。

左馬助の活躍した時代は江戸時代の初期の頃です。ですから、この左馬助は三代将軍家光に演武して見せています。その時、家光は四十八歳で、その一カ月後に死んでいますから、慶安四年、西暦でいえば、一六五一年ですね。

この時、松林左馬助は五十九歳ですけれども、あまりにも技が見事だったんで、三度、アンコールをされて、四回、演武したようです。

最後の演武の時は、足鐔《そくたん》といって、相手が斬ってくるのに、その相手の鍔元《つばもと》を足で踏み押さえて、身体がふわりと舞い上がるという妙技を披露したようです。江戸城の、――城ですから普通の家より高いと思うのですが――庇《ひさし》に袴の裾が触れるほど、舞い上がったということです。

それがあまりに見事だったので、まるで蝙蝠《こうもり》のようだと言って、家光が褒めたので、それ以後蝙蝠という意味で蝙也斎《へんやさい》という号を、名乗るようにしたようです。

それでこの松林蝙也斎の流儀がいま言いましたように、夢想願立。願流とも願立とも言うんですけれども、いろいろ流布しているうちに、願立流と言ったりもしたようです。

ただ、この流儀に関する具体的なことは、ほとんど分からなかったんです。ところが、いろいろと縁が開いてきて、この子孫の方がいまもいらして、そこにかなりの量の資料があるということを当時私のところで稽古をしていた大学生が調べてきて、実際にこの子孫の方を訪ね、その松林家に残っていた資料をほとんど全部コピーさせてもらって、私の所に持ってきてくれたんです。ただ、そのなかにも、具体的な技法の原理を書いたものはなかったんです。その後、『願立剣術物語』という本があるらしいということが分かって、いろいろ探していたのですが、どうしても発見できなかったのです。

それが偶然、八戸市立図書館にその『願立剣術物語』があることが分かり、ようやく手に入れることができたんです。

十四、『願立剣術物語』が語る古伝武術の精妙な世界

そして、それを読んでみると、私が今まで読んだ剣術の伝書の中でも、最も素晴らしいと思えるものだったのです。

そして、そのなかに、しきりに「玉の動き」つまり円のことを説いたものがあったのです。

また、この伝書には、私が井桁で自覚した、捻《ね》じることがいけないということについて、「腰を捻じってはいけない」「脇腹を捻じってはいけない」などということも、はっきり書いてあるわけです。それで、これはもうぜひ研究しなければと思って。

松林家にあった文書のコピーを取ってきてくれた大学生——今はもう会社員ですが——彼と二人で、懸命になって解読に取り組んだのです。読み解いていって分かったのは、この本はどうやら松林左馬助の高弟の阿部道是《あべどうぜ》の教えをまとめたものらしいということでした。

だいたい二週間ぐらいでいちおう通読できるようになってみると、やはり、実に素晴らしいことが書いてあったのです。そして、その中でも当時一際印象深かった

のが、

「向こうへ行く心の車一つ、左右へ行く車一つ、この二つを合わせて四方輪《しほうりん》也。然る故、玉を転がすの形、是《これ》也」

というくだりでした。

この「四方輪」という言葉が非常に印象的で、それで、初めていままでの「回っちゃいけない」という、円の動きを一旦否定した上での、円の動きに対して具体的に検討を始める気になったのです。

要するに、ワイパー状に回っちゃいけない、回るから駄目なんだということは、井桁で分かったのですが、そこでこの円の動きを一旦否定した上でさらに円について考えてみようということです。

それでいろいろ考えて、九四年の二月ぐらいからは具体的なモデルをさまざまに検討しはじめたのです。そして、三月のちょうど一日に、いまでも覚えていますが、京都の四条烏丸から花園の駅までバスに乗って、見るともなしに外を見ていたら、止まりかけの車があって、そのタイヤのホイールの形が特徴的だったのか、その辺はよく覚えていないんですけれど、クルクルクルと円が回っていった時に……

「あ、そういえば、ロータリーエンジンというのがあったな」と思い出したのです。

「ロータリーエンジンというのは、いわば円のなかに内接する三角形が円に内接し

ロータリーエンジンの原理の概念図

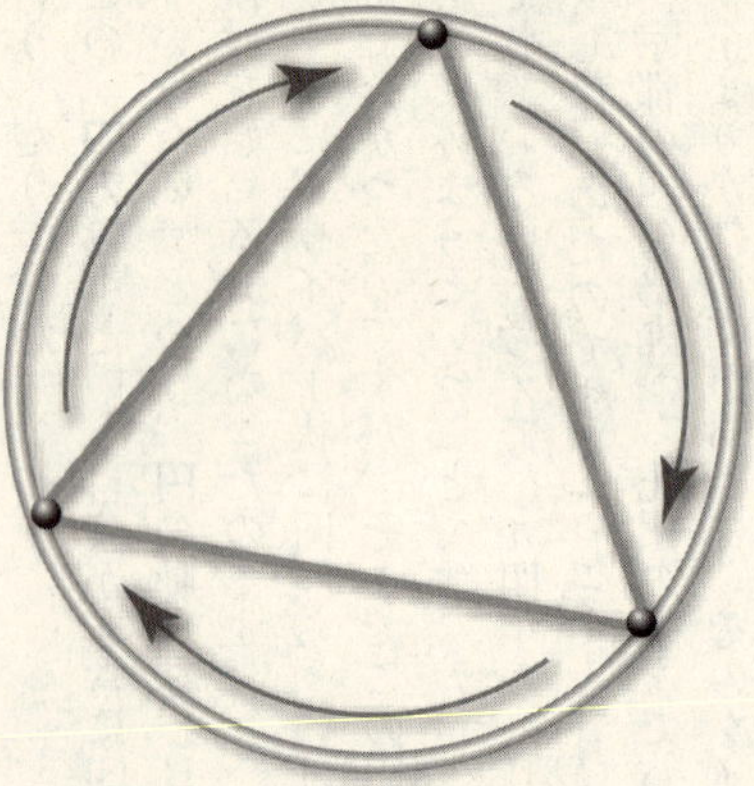

つつ動いてる。するとその時の三角形の一辺を構成する直線の動きというのは、単純なヒンジ運動とは違って、この支点も一緒に動いているわけだ。これは面白いな」と思ったのです。

それで初めて、円を否定した上で直線運動と円運動を一つにした動きに、「ロータリーエンジン状の」という具体的な発想が出たんです。

それからはこれを手掛かりに身体の使い方を、いろいろ考えて、身体の縦の面をアーチ状にして、それに対して、腕がまた交差してゆくと、何となく四方輪って、こんなものかなという感じが、立ち上がってきたのです。

まあ、図に描くと、球のなかに内接している三角形が上の図のように、巡って

『願立剣術物語』

（所蔵：八戸市立図書館）

いくという感じですね。

その後、いろいろ研究して、身体に縦アーチ、横アーチというものを立てて私なりの「四方輪」という概念が出てきたのです。

まあ、これはもちろん、私なりの「四方輪」で、願立で言うところの「四方輪」とは違うと思うんですよ、松林左馬助が開いたほどの流儀と、少なくとも現段階の私のとではレベルが遥かに違うと思いますから。ですが、とにかく『願立剣術物語』をヒントにして、自分のなかに出てきた、ヒンジ運動にならない、捻じらない動き。その捻じらない象徴として、初めて「球《たま》」の概念というのが立ち上がってきたわけです。「球」を捻じれば……捻じったひょうたん形みたいになってしまいますからね。

つまりいずれの方向にも捻じれていない、という形が玉であるという、そういうことです。こうして、つまり井桁で言った、「捻じっちゃいけない」ということが、今度は円の世界に置き換えてみて、展開してきたわけです。

それでかなりいけそうだということで、しばらくはずっと研究を重ねたのですけれど、また八月ぐらいに、「いや、おかしいな……」という迷いがいろいろ出てきたのです。

十五、滞らずに流れよということ

それはこの『願立剣術物語』という本をずっと読み込んでいくうちに、湧いてきたものですが、特に第四十段目に、

「迷いたる目を頼み、敵の打つを見て、それに合わんとはかるは、雲に印の如くなり」

という一節があって、これにひっかかってしまったのです。

この意味は相手がこう打ってくるから、それに合わせて、こうやろうとする、というような行為はまるで漂う雲に印をする、あるいは雲を印とするほど虚しいことだということでしょう。

「……雲に印の如くなり」って。普通だったら、目で見て、「こう来たからこうする」って、当たり前ですが、それは駄目なんだと。見てこうやってるようなんじゃ駄目だということですね。それで「自分のやってきたことというのは、何もかも全部、そういうことだったんじゃないかな」と思って、この八月の約一カ月は呆然としてしまいましたね。

まあ……がっくりとして、「これからどうしようかな」と思って考え込んでしまいました。でも一カ月ぐらい経って、とにかくこの『願立剣術物語』を何度も何度も読み返しているうち、これは三段目にあるんですけれども、

「伝というのは別の義にあらず、わが総体の病、筋骨の滞り、曲折を削りたち幾度も病をおびき出し、心の偏り、怒りを砕き、思うところを絶やし、ただ何ともなく、無病の本の身となる也」

という部分があって。

とにかく自分の身体の滞《とどこお》りをなくすように稽古してゆこうと思ったのです。『願立剣術物語』には「氷となって滞るな」という解説があるんです。それは、

「ものに取りつき、止まるところに閉じられ、氷となり、水の自由なる理を知らず」

と。そして、

「水の自由を知らんとならば、まず五体の病を去り、そのままの身の規矩《かね》を定め、それを本の定規《じようぎ》として、手の上げ下げ、身の内、滞りなく、左右前後の道をよく骨肉に覚え知らしむべし」

というものが七段目にあります。

とにかく滞らずに流れよということを、しきりに説いているところが、心に入っ

てきて、せめて身体を滞らさずに流そうと、思いなおして、自分の身体を検討してみたのです。すると腰に非常に滞りがあったということに気が付いてきたんです。

十六、人間は頭のなかに物語をつくって動いている

普通、腰については「腰が入ってる」とか、「腰が肝腎だ」とか言いますが、いま腰痛患者は三千万人とか言われるのも、結局よくない身体の使い方で腰を酷使しすぎてるんですね。腰を変なふうに使っているものだから、腰が壊れるんですね。剣道なんかでもいい姿勢というのを意識しすぎて何か変に腰を反らせすぎて多くの人が痛めているのです。ですから見方によっては一種の「腰が入っていない」ような、腰に無理がかからない姿勢の研究が大切です。幕末の古写真を見ても、江戸期の武術の伝書の絵を見ても、現代の剣道みたいに胸張って腰をうんと反らしている人なんていないですよ。ああいう現代ではいいと言われている姿勢は、どうも明治になってから入ったドイツあたりの軍隊の影響ではないかと思いますね。ところがそれがいつの間にか、日本伝統の姿勢のように言われてしまっているのです。とかく現代の武道は観念化していて、そういった根本的な問題の検討をし

ていないのではないでしょうか。こうしたことが九月に入ってすぐに、分かってきて、「お、お」と思っている間に、腰がいままでよりはるかに自由に流れてきて、さっきの「四方輪」が「膨張する」ということに気が付いてきたのです。

そしてその時、「膨張」ということの意味を考えてみると、人間というのは二次元空間じゃなくて、三次元空間に生きているのに、目というのは、面ですよね、網膜のところでは。ですから、三次元の立体に感じるというのは、これは目で見て、頭の中で物語をつくっているからだということが分かってきたのです。

それでよく考えてみて、人間が立体を感じるというのは、見るのもそうだし、触るのも目で見ておいて触って、いままでの経験上、立体というのを感じているんであって、入ってくる一番最初の情報は、二次元情報なんですね。

しかし、ここで風船が膨張してくるという状況を考えてみると、これは明らかに三次元的なことが直に来るわけです。つまり風船上の二点間の距離を見てみると、その二点間の距離が、膨らんだら、片一方を圧迫するかというと、そんなことはなくて、片一方もどんどん広がっていく、その間の点は全てが広がっていくわけです。

そうすると、そういう形で、風船の表面がフワーッと開いてくるということは、膨張しているから、当たり前と言えば当たり前なんですけど二次元的感覚がこれを直に把握しようとすると非常に困難ですよね。その立体として広がってきているということを理解するということが。

つまり、さっき言ったように、人間の感覚というのは、基本的には二次元しか感知できないため、三次元は、経験と学習で「推測して」、対応しているわけでしょう。直に三次元の動きを入れた場合きっと混乱するだろうと思ったのです。そう考えて相手に抑えてもらって、やってみたらたしかに技の掛かり方が違うんです。おかげで単純に相手の力が強い弱いというのは、ほとんど関係なくなってきた。

それでやっぱりこれは違うなと思ったのです。ただ今度、こちらから相手を抑える時には、これは収縮というのが必要なのかなと思ったんです。ただ、膨張は簡単でしたけれど、収縮はちょっとなかなかうまくいかなかったですね。まあこんなふうに常に試行錯誤しながら稽古工夫しているのです。

十七、予測が外れた時の人間のモロさ

私は、さまざまなことから技のヒントを貰っているのですが、たとえば少し前岩国に講演に行った時に、講演会のあとの二次会で、小さなスナックみたい

な所へ行ったんですけど、そこで初めて、以前から何となく噂で聞いていた、3Dの絵を見て、びっくりしたんです、「うわっ、こりゃなんだ」と本当にね。なにしろ、ただわけの分からない絵から突然立体像が飛び出すように見えてくるのですから。

その時、自分の技の原理の裏がとれた気がしたのです。つまり、「やっぱり人間というのは、物語を自分の頭でつくっている。それでこんなふうに、ちょうど何か金魚鉢の上から覗《のぞ》いているように見えるのだ」ということが分かったのです。よく禅では、「柳緑花紅《りゅうりょくかこう》」、柳は緑で花は紅というふうに、こう言いますけど、別にこれにけちをつけるわけではないんですけれど、これも子供の頃からの学習で、そういう風に見えるのであって、客観的な事実ではないと気がついたのです。人間は、それぞれの物語を持っていて、そのなかで生きているから技に掛かるんだなと。

それを思った時に、昔の忍術の話を思い出しました。忍者が逃げていった時に、縁の下などに入ると、蜘蛛の巣がすごいでしょ。すると、竹竿か何かで、一方を破っておいて、自分は違う方向に逃げて、そして中のほうから真綿《まわた》を使って糸を張る、蜘蛛の巣らしきものを張るんですよ。そうすれば、追いかけてきた人間は、どう見たってやっぱり破れている方向、「あっ、こっちへ逃げたぞ」って、そっちを追って行くでしょう。

その時、そうした術に、はまってしまう構造というのは、いままでの経験があるからでしょう。経験によって人間は予測して行動しますからね。その予測があるから人間はスムーズに行動できるのですけれど、同時にそれがあるから落とし穴に落ちるわけです。

たとえばコップを取る時のことを考えてみると、人間というのは経験上、これはプラスチックかガラスか、水が入ってるかいないか。入っていた場合はその量によって、「このくらいの重さかな」という予測が瞬時に働きますから、それでスムーズにコップが持てますよね。ところがこの時、非常に巧妙なトリックを使って軽いのに重そうに見せてあったら予測が外れますから思わず、フッと上がって崩れますし、反対に接着剤ででも付けてあれば、この場合もやはり持とうとしてガクッと身体全体が崩れます。

つまり、人間は予測にたがわず過不足ない力が出ている場合はスムーズに動けるのですが、それに外れた場合というのはひどくもろいのです。人間がいかに予測に頼っているかということは、——これは私が昔から言っていたことですけれど——駅の階段なら駆け上がれることでも分かります。要するに、見るからに丈夫だし、皆が上がっていて、十分、安全が確認されていると思うからです。それに対して、何か幽霊屋敷みたいなボロボロで、腐ってて抜け落ちかけている階段は、そこを「駆け上がれ」と言われても、足が、どうしても止まっちゃうわけですよね。それはちょうど高い所で足が震えるようなもので、予測が「危ない」という方向に強く働きますから。

十八、身体の中のオートとマニュアル

この予測がなぜ起きるかというと、要するに、それは自分の中の知識で縛るわけでしょ。ですから、この過剰に働きすぎるきらいのある予測をいかに冷静にしずめるか、というのが武術の方では大事なのです。その代表的な例として宮本《みやもと》武蔵《むさし》が「剣の極意とは」と言われた時に、「あのお城の天守閣からあの山まで――三尺幅か何かの板、これは一尺幅とか、いろんな説もありますけど――とにかく板を渡したらとても渡れない。しかし、これが一尺ぐらいの高さだったら、誰でも渡れる。本来同じ幅の板である。そのことを見切るのが、剣の極意である」と答えた話が伝えられています。

人間が恐怖を感じるというのは、これは見方によっては、人間というのはそうい

う働きがあるから、自動的に身を守っているとも言えるわけです。ですから、もちろんそれがいけないわけじゃない。つまり予測して、身体のなかに自動的にオートで警報を出しているわけで、それで守られているわけです。そんなものが何もなかったら、怪我だらけですよ。しかしそれだけにそのことで普通の人は縛られるわけです。

ですから、武術の達人と言われる人は、オート（自動式）とマニュアル（手動式）に、うまく切り替えられるようになった人とも言えます。

これは、オートの自動のなかにも手動が入ってくる。その手動のなかにもオートが入ってくるということですね。手動といえば全部が手動じゃないわけですよ、ある程度、自動装置になりながらです。たとえば飛行機やその他、カメラや何かも全部そうでしょうけど、かなりの部分をオートで、自動的に働いてくれているところに、マニュアルが、手動が介入するということです。

何から何まで全部手動でやらなきゃならなかったら、またすごく効率が悪いですから、ある程度は自動のままにしておいて、ある部分だけ切り替えてマニュアルに、つまりいかに自動装置にマニュアルが介入するかというところに、まさに術の微妙さがあるわけです。

十九、松林左馬助の超人技の数々

そういうことでいま思い出したんですけれど、さっき言った願立の松林左馬助のエピソードには、凄まじいものがあるのです。

たとえば、蛍見物に、夏の夕方、門人数人連れて行った時です。その蛍の飛ぶ様を、左馬助が気持ち良さそうに見ている時、門人の一人が、いきなり川に師匠を突き飛ばすんです。そうすると、その松林左馬助は突き飛ばされたなりに、ふわりと川を飛び越えて、そのまま謡《うたい》を歌って、気持ち良さそうに帰ってしまったのです。それで、翌朝、その突き飛ばした弟子が、しょげかえって、挨拶に来るんです。そうすると左馬助は笑って、「お前、昨日、何か大事なものをなくしたろう」と聞くのです。するとその門人は、「いや、そのとおりですが、それがどこでなくしたか、全く心当たりがありません」と答えます。すると左馬助が、「これだろう」って笑って、敷物の下から門人の刀を出して投げ返して、「油断は大敵だぞ」とさとしたということです。

要するに、突き飛ばされた時に、突き飛ばされたなりに、相手の刀を抜き取って川を越えてたんですね。それがあまりに鮮やかだったために門人はその時まさか刀を抜き取られたとは、気づかなかったのでしょう。

よく、武術の名人が誰かが何かしようとした時、パッとそれを見抜いたという話はありますよね。たとえば、昔の富田《とだ》流の開祖富田《とだ》越後守《えちごのかみ》重政《しげまさ》は、門人に鬚《ひげ》を剃らせた時、その門人が「いかに天下の名人でも、このままヒュッと喉をやればかなうまい」と思ったら、重政は「お前にそれをする勇気はないだろう」と言って門人を縮み上がらせたといいます。

また、柳生連也《やぎゅうれんや》が風邪か何かをひいた時に、医者が「いかな天下の名人でも、この薬を盛る匙《さじ》で、ポンと頭を打てば、打てぬことはあるまい」と思ったら、「馬鹿な冗談はよせ」と言われたりとか、そういう話はあるんですけれど、左馬助の場合は、さらにいっそう凄いですね。それを単に見破ったんじゃなくて、それをやらせて、しかもぴったりしたタイミングで、自分がふわりと、相手が突き飛ばした力を利用しざま、川を越えているということをやってみせたのですから。しかも相手の刀を抜き取っていますし、それはもう信じがたいほどの人ですよね。

あと、ある人が松林左馬助に「昔 源 義経《みなもとのよしつね》は切り落とした柳の枝が水面に落ちるまでに、八つに切ったという、凄い話があるが、いま時の人でも、そんなことができるだろうか」と言ったので、左馬助がやってみると、十三に切ったため、見た人が激賞したという、そういう話もありますね。

また、一般的にはよくそういう風に曲使《きよくづか》いみたいに、剣が使えても、実戦では役に立たんとか、言われたりするんですけれど、左馬助の場合は、そんなことはなかったようです。そのことは、次のエピソードで証明されています。ある時南部藩《なんぶはん》の、ある剣術のそうとうの使い手が、家老の娘か何か、身分の高い娘を連れだして、仙台まで逃げてきて旅籠《はたご》に立て籠もった。南部藩から何十人も捕手《とりて》が来たんですけれど、昔から取り籠もり者という、籠城している者——いまでも、よく銀行強盗か何かでありますが——それを捕らえるのは非常に難しいとされているんです。ましてや人質を取っているし。

それで仙台藩は、隣藩への面目もあり、これをうまく捕らえて突き出せば、一層こちらの顔が立つというので、「あの男を捕縛せよ」と松林左馬助に命令するわけです。

そうすると左馬助はただちにその命を受けて、捕縄《とりなわ》のうまい捕方《とりかた》を一人だけ連れて、自分は刀も差さずにただ一塊の鉛だけを懐に入れ、その旅籠に行くのです。そしてその武士が、二階に立て籠もっている所に、どんどん階段を上ってゆくわけです。

そうしたらその立て籠もっていた武士は、刀も持たずに上がってくる左馬助を見て、「一気に斬ってしまえ」というんで、ワッと斬りつけてきたんです。するとまさにその相手が刀で斬り下してくる、そこまで待っていて、懐の鉛の塊を刃にバッと打ちあてて、パッと身体を捌いたんですね。そうすると相手は、「斬った」と思ったんでしょう、ガッと刃に手応えがあったから。

ところがそれは実は鉛であって、その瞬間に出来た心の隙に、左馬助は身体を捌くと同時に相手の足を払って、階段から下に投げ落としちゃったんです。そこを下で待ち受けていた、その捕縄のうまい従卒があっと言う間に、縛って南部藩の捕方に引き渡し、仙台藩としてはおおいに面目をほどこしたということです。

そういう取り籠もり者という、逆上した、いわば火事場の力持ちみたいな状態になっている者を、そのぐらい簡単に捌けるということは、左馬助がいかに尋常ならざる使い手であったかということを証明していると思います。

二十、左馬助、唯一の不覚

この松林左馬助がそもそも仙台に行くことになったのは、その前に、ずっと長い間、いまの川口《かわぐち》にある、武州赤山《ぶしゅうあかやま》の陣屋の伊奈半十郎《いなはんじゅうろう》という歴史上有名な関東郡代の所で家来というより、食客としていたんですね。その陣屋で剣を教えていたんですけれど、あまりにその剣の腕前の評判が高いので仙台伊達《だて》家の、伊達忠宗《ただむね》が「うちにくれ」と懇望して、それで当時すでに五十一歳になっていたのですが、仙台藩へ仕官したのです。

いま紹介しましたエピソードはみな、仙台に行った五十以降の話です。それにはじめのほうで紹介した家光の御前での演武は五十九歳の時ですから。昔だったら、本当に老人の部類ですよね。

この松林左馬助が、これはさきほどの予測の話のエピソードになりますが、唯一、負けたというか、みごとにいっぱい食わされたのが、自分のところの女中なのです。左馬助は、普段から、周囲の者達に「もし隙があったら、わしを驚かせてみよ」と、常に言っていたのです。

女中を雇った時も、その女中にも、「もし隙があったら、わしを驚かしてみよ、もし見事わしを驚かしたら、ただちにその時、年季あけにして、三年分の給金を払ってやる」、つまり、三年の契約で雇ったんですけれど、明日にでも、もし自分を驚かせば、「三年分の給料を支払って、自由にしてやる」とこう言ったわけです。

それで、その女中も面白い者だったのか、さまざまな工夫をするんです。ある時、酔って帰ってきた左馬助が、入口の所で倒れ込んで寝ちゃった時などは、ちょうど頭が敷居にあるからビシャッと戸を閉めて、頭を挟んでやろうと考えたわけです。それで思いっきり戸を閉めたんですが、ガーンと戸が何かに当たってしまう。そこでよく見たら、鉄扇《てっせん》をちゃんと溝の所に置いてあって、それで寝ていたんですね。そこで左馬助が目をあけて、「そんなことじゃ、まだまだ、三年分の給金はやれんぞ」って笑って言ったそうです。

その後、いろいろやったらしいんですけどどれも駄目。しかし、ある時、左馬助が外から帰ってきた時に、足を洗う濯《すす》ぎのお湯に、熱湯を出したんです。左馬助は用心深く湯加減をみてから笑って、「こんなことじゃ、まだまだ駄目だ、ぬるくしろ」と命じます。

そこで、その女中は見破られて、「参りました」というか、いかにもそういう風に装ったんでしょうね。ところがそこからが、この女中の作戦だったのです。参りました、とあやまり、水を入れたふりをして、実はお湯を足したんです。

左馬助の方は、「もう見破ったから」と思って、油断していたのですね。どうぞぬるくしましたと言われて、今度は加減もみずに、ズッと足を入れたのです。そしたら熱いでしょ、「うわっ」って飛び上がってそれで、「やりおったな」というわけです。そして「婦女子といえども、一心凝《いっしんこ》れば侮《あなど》り難し」と言って、非常に褒めて、約束通り三年分の給金を出して、年季あけにしてやったそうです。おそらくそれが、唯一左馬助が負けた記録でしょうね。

二十一、書簡に見る左馬助の心根

松林左馬助は元々、非常に性格の優しい人で、武蔵なんかとその辺は大変違いますね。女中がいろいろな悪戯《いたずら》ができたというのは、一つは悪戯をやって失敗しても笑って怒らなかったからでしょう。「もし失敗したら、ただじゃすまさんぞ」みたいなことだったら、悪戯することなどとても、女中にはできないでしょうから。

晩年は、少女、老婆に至るまで、左馬助のことを菩薩の如くに慕って、たくさん寄り集まってきたと記録にあるほどですから。

この人は武術家には珍しく、その精神的背景は禅や真言・天台等ではなくて浄土宗に深く帰依していて、念仏を一日一万遍ぐらい唱えていたということです。

左馬助がたいへん優しい人物だったという何よりの証拠は、左馬助の家族に対する直筆の手紙を見ると明らかです。その手紙は江戸城で、将軍家光に演武をして見せた時、非常に褒められたことを、家族に報告しているものなんですが、まず演武の様子を報告しています。たとえば、「打太刀《うちだち》、心の如く回りかね」、つまり打太刀がいまひとつだったということですね。左馬助は阿部七左衛門道是《あべしちざえもんどうぜ》という門人に打太刀をやらせたんですけれど、それが思ったほど、うまくいかなかったのでしょう。もっとも、この阿部道是もよそ目には非常にうまく見えたとみえて、将軍家光から褒美の着物を一枚貰っていますが。

そして演武直後、松林左馬助は当時破格の、赤裏付《あかうらつき》の着物一枚を含む着物三枚を拝領したということなどを詳しく書き送っています。そしてそれら演武の様子を報告してから、「おかめ、お百、おむら、かめ、つる、市太夫や、無事に御座候や」という、自分の孫なのか、よく分かりませんが、子供であることは確かですね。その子供達に「朝夕、会い申したく候」、子供達に朝夕会いたい。「市太夫、もはや立ち申し候や、承りたく候」、つまり、市太夫が、はいはいから立てるようになったか聞きたいものだ。

「火の元へ寄り候時、井の元へ寄り候時、油断申すまじく」、よちよち歩きだからでしょう、火のところへ行ってやけどしたり、井戸へ落っこったら大変だから、そういう所に近づいた時はよくよく油断しないように、気を付けて欲しいと。

それからその次は、「かめ、つる、おくに申し候に、われらおり申さずとて」、かめとつる、これは女の子らしいんですけど、悪戯盛りじゃないですかね、四つから

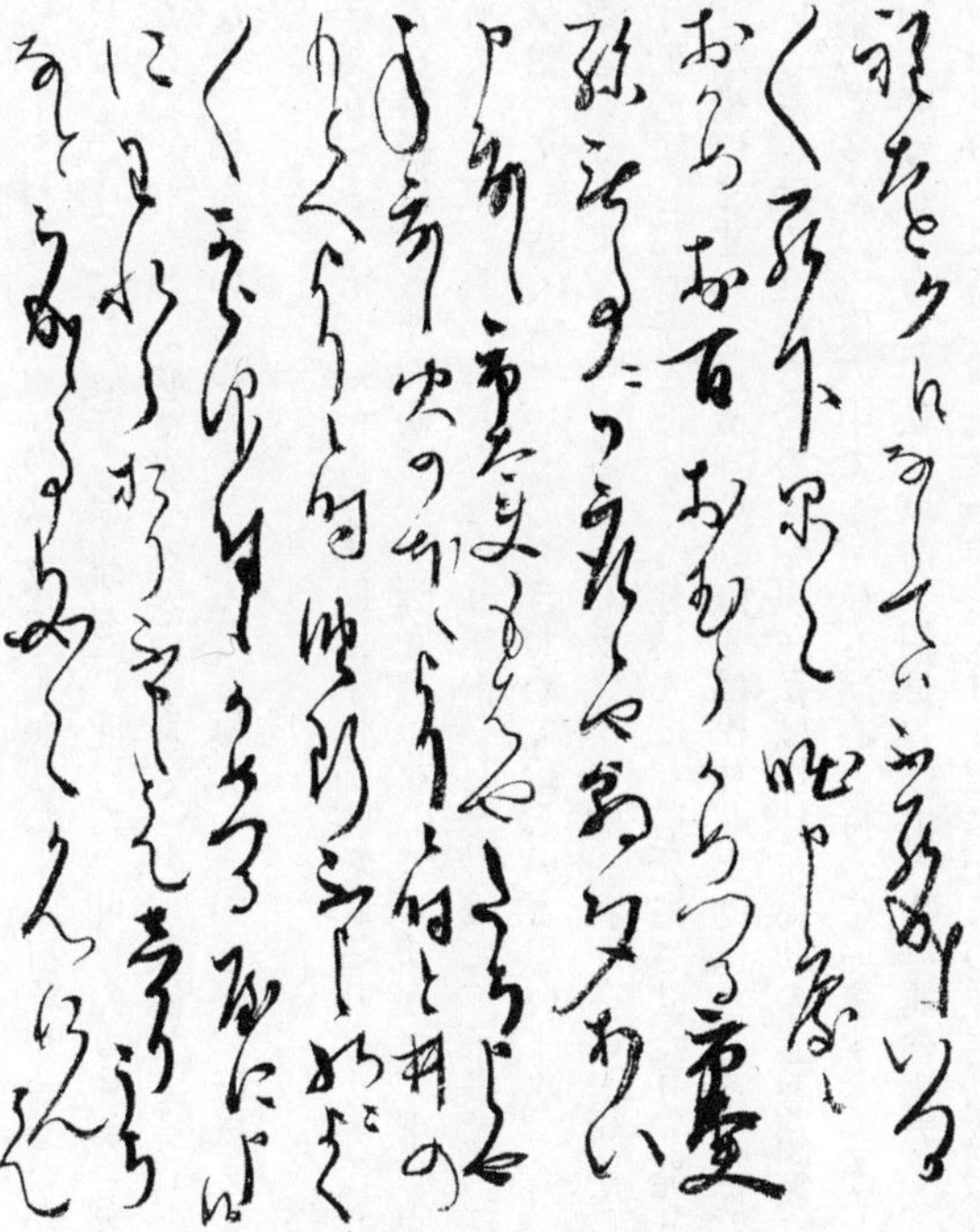

松林左馬助直筆の手紙

（松林忠男氏蔵）

五つぐらいの。おくというのは、奥さんなのか、奥向きの人間なのか、女性ですよね。自分が――われらというのは自分ですからね――自分がいないからといって、「叱り打ちなどすること、必ず必ず堪忍」、叱ったり叩いたりすることを、決してしないでくれとね。「必ず必ず堪忍申すべく」と、我慢してくれと、命じているのではなく、頼んでいるのです。なんとも優しいというか、ほほえましい手紙ですね。

この手紙からみても、いつも左馬助は子供が叱られる時は止め役だったのでしょう。こんな手紙は武蔵なんかじゃ、到底書かないでしょうね。まず武士の手紙で、天下晴れて、将軍に褒められたという報告をした最後に、子供達のことをここまで細かく気遣って、書く人というのもきわめて珍しいと思います。

武術家というのは、ともすると、パラノイア的な者が多いですからね。新田宮流の和田平助のように息子を凄まじく仕込んで、若死にさせたり、発狂させたりしてる者が、結構いますから。そういう点では松林左馬助はむしろ異色でしょうね。

こういう左馬助の性格も含めて、現在私は松林左馬助の、「夢想願立」という流儀に、日本の数多くの流儀の中でも、最も関心を持っています。しかしこの左馬助の現在の知名度はというと、私は以前、朝日の歴史人物辞典の選考で、もれていたのを「これはぜひ入れるべきだ」と申し入れて、私がこの左馬助について書いたぐらいですから、一般的にはまあ、歴代の剣の名人、百人を選べば、そのなかに左馬助も入るでしょうが、五十傑だとボーダーラインですね。入るか入らないかぎりぎりです、ですから左馬助の一般的な知名度はそのぐらいです。でも私は、この人物は歴代の剣客のうち三本指に入れてもいいと思いますね。

二十二、四方輪解体

それで『願立剣術物語』を参考に、四方輪で、さっき言ったように、膨張、収縮と展開してきたわけですが、そこまできて、そこで何かこの術理の限界というか、飽和状態を感じてきたのです。もちろん、膨張、収縮が出て、この四方輪の術理というのは、かなりの完成度なんですけど、一年ぐらい先でもやっぱり、「はい、膨張、収縮」と言って人に教えたり、説明しているということは、全く考えられない感じがしたのです。もっともそうは思っても具体的に、その後どうするか、などということは全く分かりませんでしたけれど。

ところが、こうした飽和状態を感じはじめてから約一カ月後、突然この四方輪が解体してしまったのです。

たしかに現実に、ぐっと四方輪で輪を立てた形というのはある種のギプスみたいなものですから、窮屈といえば窮屈です。ただ少しでも捻じれることを嫌うために、この時期は、いわばそういうギプスに入れていたといえるかもしれません。それがちょうど卵の中のヒヨコが孵《かえ》って、殻が割れたように、十二月の二十三日に割れてしまったのです。そして、割れてしまうと、一年近くあれほど懸命に研究してきたのに、もう四方輪の形をとりたくないということになったのです。あたかもそれはヒヨコが孵るまでは必要不可欠な殻も孵ってしまえばもう用はないというようなものでした。

そして、割れたあとどうなったかというと、支点となりそうなところを、全部振動させることで支点として居つくところを消していったのです。ただ、まあ振動、波の動きといってもごく当初は、ちょうど海へビが海の中を泳いでいくような感じの一つのイメージから出発したのですが。

その後、いろいろ変わって、結局どういうことかといえば、ブラウン運動というか、ワーンと身体の中が鳴るように振動しているというか、ちょうど干したての布団みたいに身体じゅうがふわーっとなっていて、中が今言ったようにブラウン運動というか巣箱の周囲で蜜蜂が乱舞している状態というか。見た目は別に振動しているわけではなくなったのです。

二十三、不安定の使いこなし

その次に、具体的手がかりとして展開してきたのは、肩の溶かし込みというものので、腕や鎖骨が起こすヒンジ運動を消すため、それらをすっと身体のなかに引き込んで、溶かし込んで、いわば全体がアメーバー状になるように使う方法が生まれました。そして、その後、四国の稽古会に行った時に、大きな発見があったのです。それは、要するに片足で立つことなんです。

普通は片足で立つより二本のほうが安定するように思われていますけれど、これは、ちょうど自転車の補助輪みたいなものなんです。つまり自転車の補助輪というのは、ある種の安定ですから、誰でも、乗れるわけです。ところが角を曲がろうと思った時に、普通の自転車だったらさっと曲がれるのに、補助輪があると大回りしなければなりません。それから、たとえば補助輪がちょっと溝に落ちたりすれば、すぐグラッとひっくり返ります。ですから安定のためについているものが、今度は逆にそのために不安定になってくるし、細かな、パッ、パッとした変化ができないわけです。まあ、それと同じとは言いませんが、二本足で立つ場合も似たようなこ

〔肩の溶かし込み〕

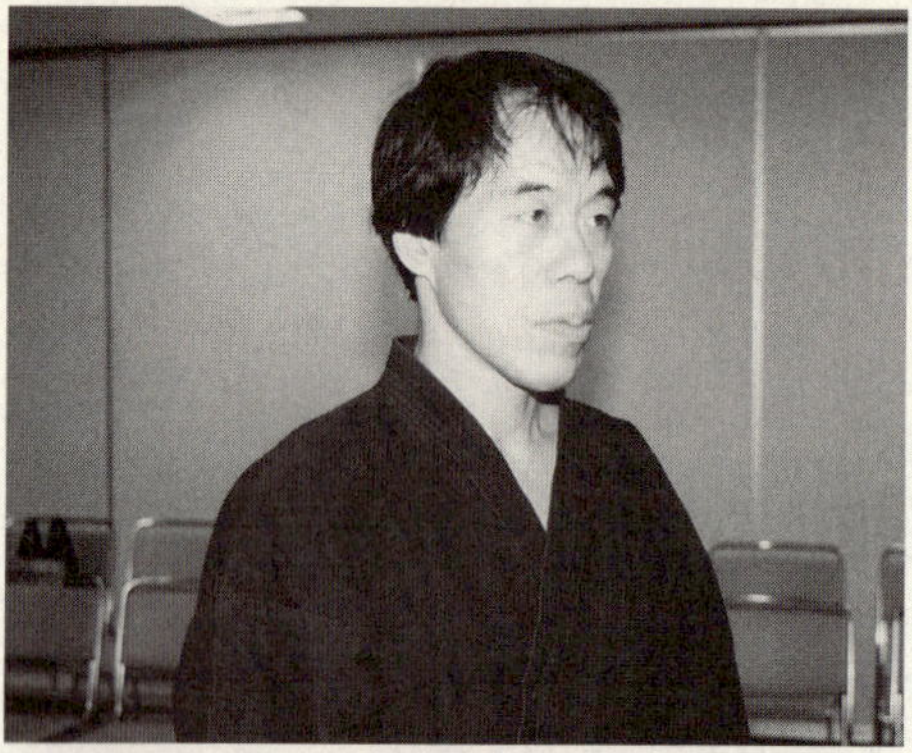

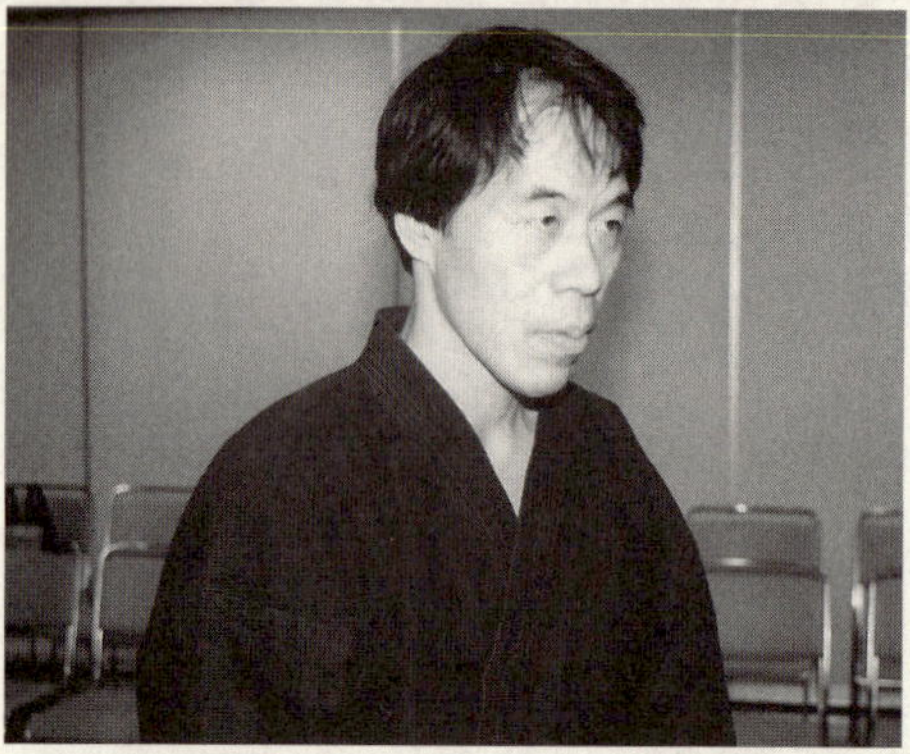

鎖骨が胸鎖関節を支点としたヒンジ運動を起こさないように肩を体内から吸い込むようにして落とす

【一足立の概念図】

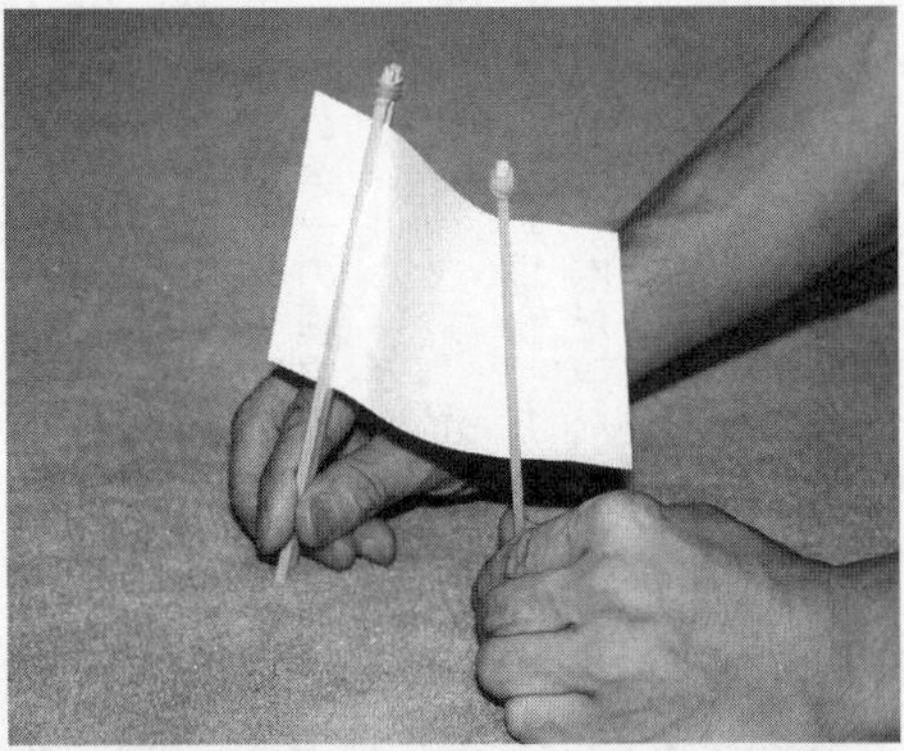

支えが二本あると写真のように、動く時歪みやすい

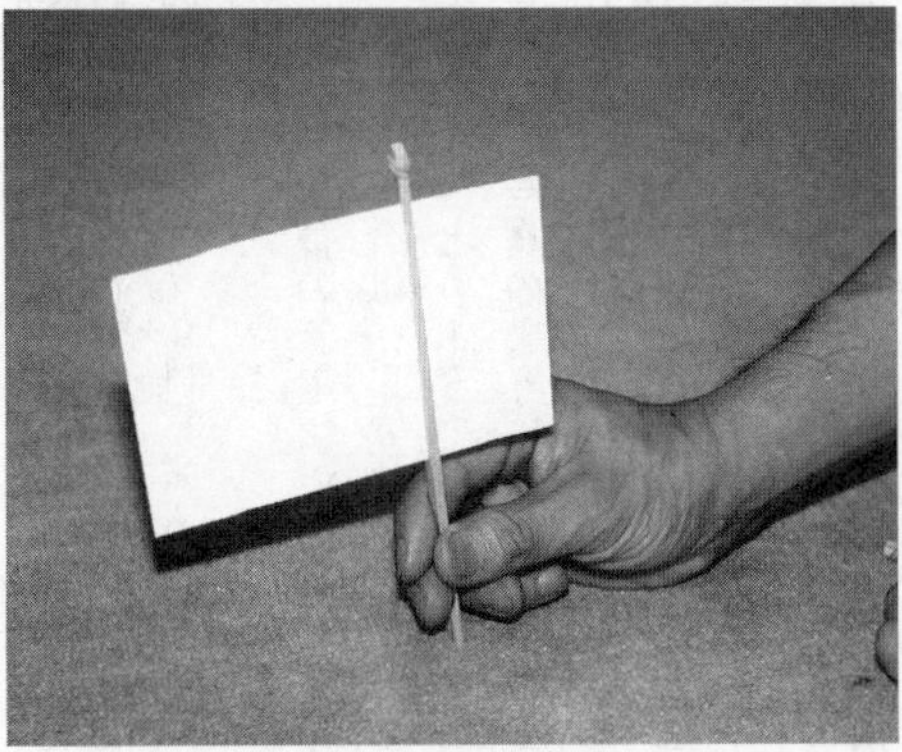

支えが一本だと歪みにくい

とがあるということに気がついたのです。

以前から一本足でもできるというもののなかに、逆に一本足だからできるという要素があるのではないかということを何となくは感じていたんですけれど、この四国での気づきで片足つまり一足立《いっそくだち》の意味をはっきりと自覚することができたのです。

その第一の理由は井桁術理に気づいた時から一番のテーマであった、身体を捻じってはいけないということに関して、二本足の場合は一足立に比べどうしても捻じれやすいのです。分かりやすいたとえで言いますとカードに割りバシか何かで二本足を出した場合、ちょっと動かしても、前頁の写真のように捻じれてきますよね。ところが一本だったら、捻じれなくてすむわけです。全体が動きますから。これと同じで身体の場合も二本足でやると、わずかに動いても、腰から上が捻じれるんですよ。ところが一本だったら、股関節ごと身体全体がゆらぎますから二本足で立つ場合よりずっと脇腹の捻じれがすくないのです。この脇腹の捻じれというのは、あの『願立剣術物語』のなかでも「病《びょう》気《き》之身《のみ》」として厳しく戒めているものです。

それから二本足で立っていると両足の間で重心のキャッチボールというか、重心をあっちに移したり、こっちに移したりして、行ったり来たりのジグザグ運動というか、それをやってるんですね。この動きのロスは普通の人ではとても感じられないぐらいわずかなんですけれど、結局それがすごいブレーキになっているんです、二本足で重心をあっちゃったりこっちゃったりしているということは。それが一本足の場合はないですから、その効果は全然違うのです。

ところが普通二本足が当たり前だと思っていますから、結局そのことに気づかない。それが当たり前というようなぐらいに、もうオート化して、自分が子供の頃から身体が思い込んでいますから、二本足というのがこんなに何かの働きをする時にブレーキになっているんだということが自覚できなかったんですね。それがはからずも一本足になった時にふと分かってきて、その瞬間に「ああ、この足要らない」というか、この足があるから動きにブレーキがかかっているということが実感として分かったのです。

それで考えてみると、この実感も普通の常識から言えば、もう全く違う発想みたいなわけですね。一本足のほうが普通は不安定で、とてもじゃないが、現実に「じゃ一本足で」と言って、何もよく分からない人がただ一本足になったら、それはますます技なんかできないですよ、グラグラしちゃいますから。

ですから、あくまでも、必然性があっての一足立ということなのです。普通だったら二本足でさえ不安定だと思っているので下半身をしっかり「安定、安定」というけれども、もっと不安定な状態にしたほうがもっと効率がよくなるというか、

「不安定の使いこなし」ということは前から言ってたのですけれど、その不安定の使いこなしを、より端的な形で一歩進めることができたわけです。

二十四、剣を近く身を遠く遣う事

さて一足立ができてから次は、二本足で立ちながら、その一足立効果を出す、ということが課題となってくるわけです。なぜかというと一足立というのはやはり空間が限られていますから、一本足で出ている効果を二本足でもできるようになれば、さらにもっと世界が広がりますから、そこで一足立についての特色を活かしつつ、それを二本足でということで工夫してきて、生まれてきたのが、「剣を近く身を遠く遣う事」という身体の使い方です。

　これは、一足立を通して、新たな身体の使い方にめざめ、この一足立効果を二足立のままで行なう方法はないものかと工夫しているうちに見つけたものです。キッカケは剣術の下段の構えから瞬時に剣がはしる発剣の仕方や抜刀《ばっとう》術の抜きつけの際の脚足の使い方です。

　一足立では、身体、特に脇腹の捻じれと両足間の重心のキャッチボールを防止す

一足立の効果を出す動き

◆肩取《かたどり》の切落《きりおとし》

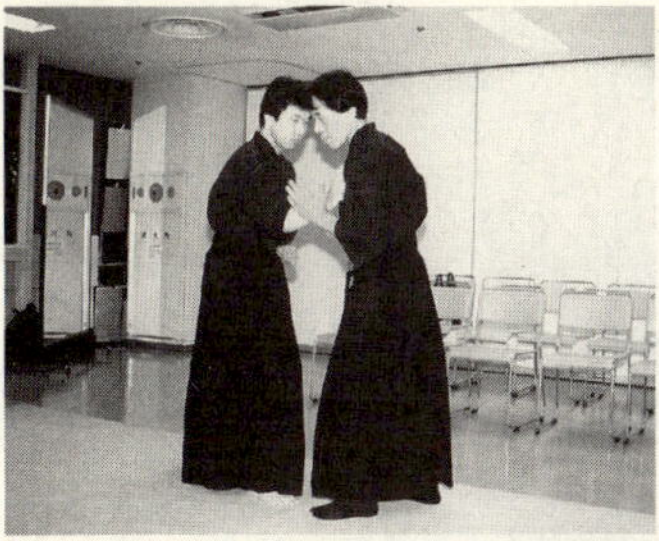

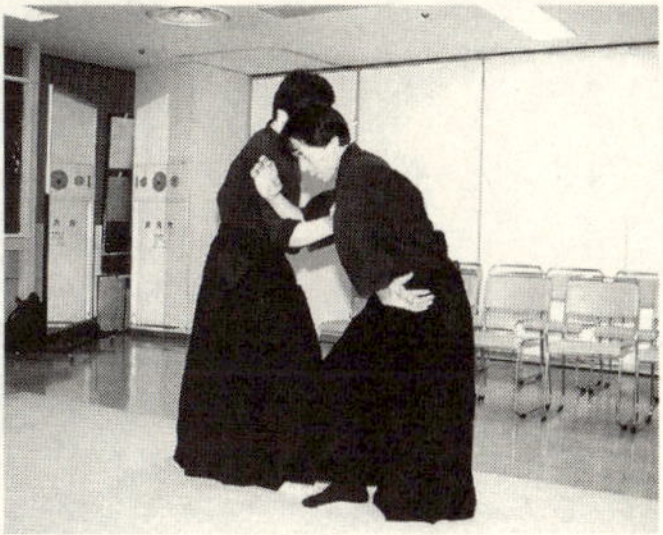

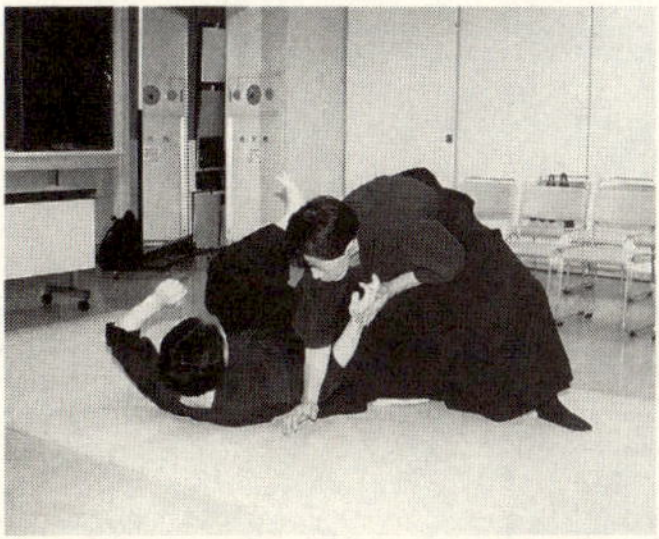

相手が肩を摑んでくるのを釣り合いをとって身体を捻じらずに開きつつ切り落とす

◇杢《もく》目《め》返《がえし》

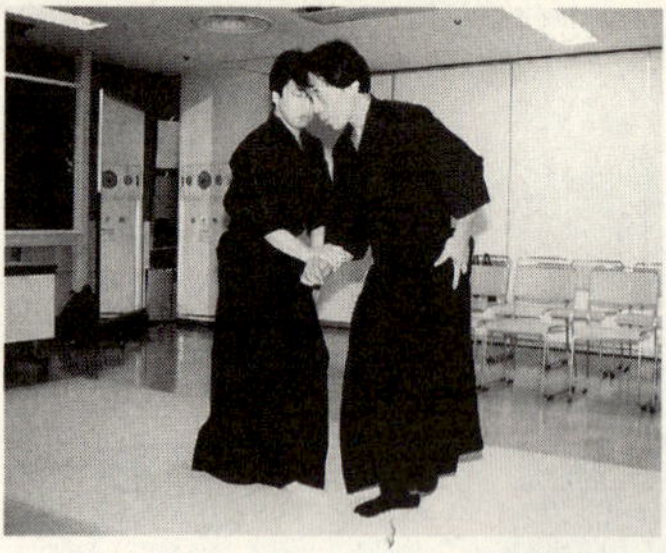

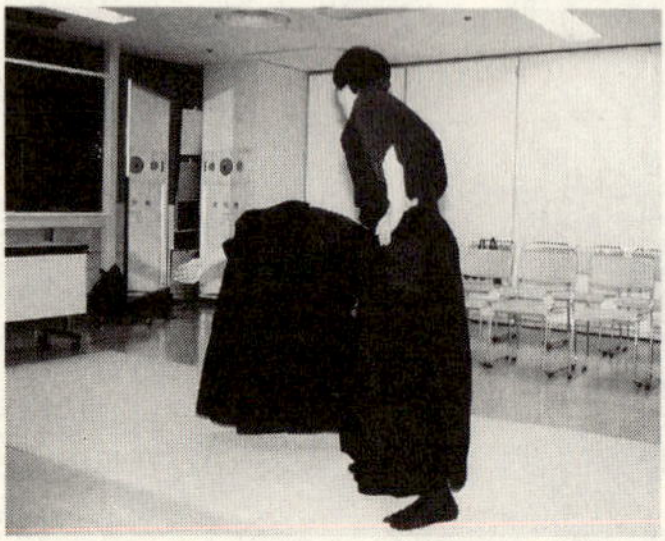

一足立で身体が捻じれない効果が最も端的に出る技
相手に摑まれた手と同側の足一本で立ち、身体を捻じらないようにして腕を上げて相手を崩す

◆切込入身《きりこみいりみ》

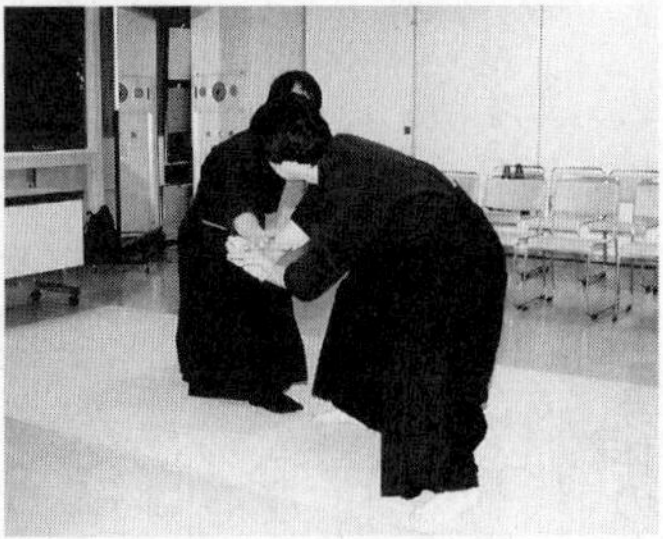

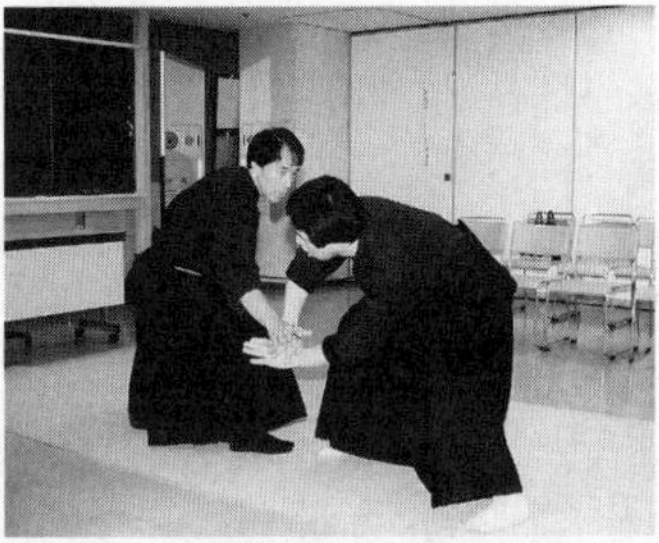

相手が左手を添え、こちらの切込に耐えているのを、身体を捻じらないように開いて釣り合いをとり、肩がつまらぬようにして身体を沈め相手を崩す

ることが主な目的でしたので、その特色を生かしたまま二本足で動くように工夫しているうち、脚部の力の流れ、と身体のなかのアソビを作らないようにする方法が次第に分かってきたのです。

そして、そのためには剣（手）は前に伸びてゆくが、身体は決して、それにつられて前に出すぎてはよくない、ということが分かってきたのです。身体が出すぎると必ず相手にもたれかかるようなヒンジ運動的な動きになってしまうのです。「足は手に引かれてゆくぞ」というのは、『願立剣術物語』で説かれている教えですが、安易に引かれてゆくのも問題があるわけです。因みに、この「剣を近く身を遠く遣う事」という教えも『願立剣術物語』のなかから見つけたものです。

ですが、もちろん、私の現在の解釈が、そのまま『願立剣術物語』で説いていることの正解とは言えません。ただ私なりの気づきに、この言葉がなぜかピッタリと対応してくる気がしたので使わせてもらっているだけです。

この「剣を近く身を遠く遣う事」という身体の運用法は、なかなか微妙なもので、ひとつ間違えば、いっぺんにへっぴり腰になりますし、身体のなかに張力をかけてアソビを作らないようにすることも、ひとつ間違えば身体が居付いてしまうことにもなりかねません。

そうしたさまざまな落とし穴に落ちず、身体のなかに細かい釣り合いを作って、なおかつ身体全体も釣り合わせて動かすところに、この術理の意味があるのです。

この身体のなかに作った細かな釣り合いと全体として働いている釣り合い、これらのバランスが、いろいろに動かしても崩れないように身体を使うことが、現在私が稽古の眼目としているところです。

この釣り合いということに関しては、『願立剣術物語』のなかでも詳しく説かれていて、たとえばその四十二段目には、

「釣り合いという事前に言い尽くすといえども是万事の根本たる故によくよく合点したき事也。人も水火の性尅《せいこく》して五行《ごぎょう》を釣り合う。鳥獣も同じ。鳥の鳥を取る事、鷹は釣り合いのよき故ぞ。人の人に勝つも釣り合いのよき故ぞ。獣の獣に勝つも釣り合い、鳥の空を飛ぶ事、翼を延ばして空の風をあうぎ飛行をなす、足なき物の地を走る性、魚の水に遊ぶも皆釣り合い也。此の釣り合い離れば鳥は地に落ち、魚は水上に浮く也。此の流の宗と修行する事はただ心の釣り合いを以て身の釣り合いを勘ずべき事、眼心身一致して少しも滞りなく無病の身と成る。思う処一つもなくんば楽遊《らくゆう》より外なし。是外を求むにあらず」

と出ています。

この『願立剣術物語』で説くところの「釣り合い」が、いま私が述べた〝釣り合い〟と同じだとは言えないと思いますが、さきほどの、やはり『願立剣術物語』で

説いている「剣を近く身を遠く遣う事」とこの釣り合いが、まさに私の身体のなかで重なってきたのです。

そして、そのためには身体の内部感覚をよりいっそう研ぎ澄まさなければなりません。

これが進めば、武術の稽古は人間の意識のありようにも直接的に大きな働きかけをもってくると思いますが、いまのところはまだまだ手探り状態です。

しかし、私のなかで武術の稽古の質が、いままでと違ってきたな、という感じはしています。

二十五、歌手〝カルメン・マキ〟の存在感の深さ

そういった私自身の心境の変化のせいかどうか分かりませんが、最近は以前では考えられなかったほど飽きっぽくなってきて、特に人に教えるのがおっくうになり、自分でも困っています。

といって稽古への情熱が薄くなったのかというと、いまも言いましたが、そうでもなくて、どうやら稽古への取り組み方を本格的に見直そうと、私自身無意識のう

ちにも、準備をはじめたのではないかと思います。

そのためか、剣術でも体術でも、いままではとてもできなかったような状況設定でもできるようになった技がいくつもあるのですが、そうした技ができはじめた当初は、気持も高まるんですが、できてしまえば当たり前のことですし、熱がさめてくるんです。というか、「こんな程度のことができても、本質的なことは、まだまだ何も分かってこない」という、まあ〝あせり〟ではないのですが、そういう思いが、しきりと起こってくるのです。

ですから、ある面では自分がより深い世界をめざして、いままでになく本気になってきているようにも思います。

しかし、熱がひいてくると、稽古への情熱も涸渇してきそうで、そのへんが辛いところです。

そうしたなか、いま私が稽古をやめることなく自分自身の内側を掘り下げる作業を続けていられるのは、ひとえに歌手のカルメン・マキさんとの出会いがあったお陰です。

かつて、といっても、もう三十年近く前ですが『時には母のない子のように』で大ヒット、その後ロックに移り、日本のロックのボーカリストの女王と言われたマキさんと私との取り合わせは意外に思われる方も多いかもしれませんが、昨年（九四年）の八月、信州でたまたま私も講師で呼ばれていったイベントで、マキさんの歌と動きを観た時から、それまでは、全く、この世界に関心がなかったのにいっぺんに惹きつけられてしまったのです。

どこがそんなに素晴らしかったかというと、歌も凄かったのですが、私の場合、仕事がらどうしても、まず動きに目がいってしまうんですね。動きがとにかくサマになっていて、しかも一番印象深かったのは、歌の最中マキさんが、ライトの位置を変えるようにスタッフに手で合図を送られたシーンです。それがなんとも見事に絵になっていて息を呑みました。

こうした、いわば業務連絡も絵にしてしまうというのは、もうその人の存在そのものがアートなのだろうと感じたのです。

その後、ライブも三回ほど観に行きましたが、とにかく独特の存在感と山奥の湖のような深さがマキさんにはあります。マキさんは何かを演じたり思い入れをして歌うというのとは違い、マキさん自身のその存在感の深さそのもので歌うというところに凄さがあります。

「ああ、これはとても敵わないなあ」と正直思いましたし、同時になんとかこの存在感、存在力を受けとめて返せるだけの人間としての力量を持ちたいと、切実に思いました。

カルメン・マキ氏

（写真撮影：富田高久）

ですから、この飽きっぽいなか、いま私が稽古を続けていられるのも、マキさんのお陰というわけです。

後ほど詳しくお話したいと思いますが、一年半ほど前（当時）に知り合い、親しくさせていただいている麻雀二十年間無敗の桜井《さくらい》章一《しょういち》雀鬼会会長といい、歌手のカルメン・マキさんといい、異分野の凄い人達から受ける刺激というのは、それが異分野なだけに、具体的な武術の技でどうなるものではなく、人としての力量をつける以外に対応の方法がありませんから、それだけに私にとっては、自分を磨くかけがえのない存在といえるでしょう。

現在の私の飽きっぽさ、現状に対するいたたまれなさも、こうした方々との出会いのせいなのかもしれません。というか、これはごく最近感じたのですが、私にとって飽きるというのはほめられたり、おどかされたりするより一番私を心理的に追いつめるようです。

私がこうした方々と出会っていなかったらまだまだ自分の技のなかの細かい気づきや、進展といった狭い枠のなかで生き甲斐を感じて、けっこう夢中になっていたかもしれません。見方によっては、どちらが幸せか分かりませんが、出会う縁があった以上、この縁を大切にして、これから自分のなかを拓いてゆきたいと思っています。

二十六、「地道」という言葉に甘えてはいないか

私の技の一つの特徴なんですが、よく、「何でも基本があって、基本技というのはいくつになっても大事で、繰り返しやれ」とかって言われるんですけれども、私の場合は基本自体がどんどん変化していますからね、基本の繰り返しようがなくてその辺がすごく他と違うところなんです。

また、よく、「地道《じみち》にやれ」とか、「地道な努力が大事だ」とか言いますけど、たしかに私も場合によっては地道は大切だと思いますが、ただどうも地道という言葉で単なるマンネリを美化している人がとても多いのではないかという気もするのです。やっぱりより本気で追求していく時には、そういう「地道」という美名に隠れて、自分はマンネリに陥っていないかと反省することが必要だと思います。

たとえば二本足で今までやってきた動きを一本足でやるというふうにすると、もう入門してきたばかりの人の稽古自体まで変わってしまうのです。ですから私のところの稽古体系が変わっているというのは、大体入ってきた人はいつも私が今やっている最先端のところを、とにかくやって、それから過去にさかのぼって、どうし

てこういう術理が出たかを考えてもらうということがあるからなのです。

とにかく「これを数やっていれば、ひとりでに上手になる」とか、「余計なことを考えず、ただひたすらこの基礎をやれ」とかということが全くなくて、別にそれがいけないと言っているわけじゃないのですけれども、私のところの構造上、そういう稽古の仕方は無理なんですね。とにかく入ってきた人には常に今やっていることをいきなり説明して、それから私がどういう過程でこうした術理を生み出してきたかを古くから来ている人に聞いたりしながら、自分でこれからどういう風に稽古していこうかということを各自が考えていくような、そういう稽古体系なんです。まあ体系があってないようなものですね。

それでも何人か最近では、これだけわけの分からないことを言っているにもかかわらず、具体的に技ができるようになってきていますから、このやり方もあながち悪くないのではないかと思っています。

もっともたとえば昔、戦争の時なんかだったら、たとえば飛行兵だって、状況が切迫してくれば十分な訓練なんてできなくて、いきなり実戦に出されたりしたわけでしょう。それでもとにかく間に合わなきゃいかんということだったら、普通何年もかけてるのがやっぱり一、二カ月で、もうかなり使えるようになったりするというか、そういう状況があると、できるようになったりしたようですからね。ですから私のやり方も、それほど特殊ではないかもしれません。

二十七、同じことの繰り返しに進歩はない

私はどんな講演に行っても、その前と同じ話をすることはありません。もちろん基本的な部分で同じことを話したりはしますけれど、特に技のことに関しては必ず違います。つまり講演の場を借りて、自分の今の先端の技の研究を話すことによってまとめるからです。ですから、技に関しては、まず、同じ話はしたことがないですね。

講演では、とにかく話をしていて自分が面白いことが最優先ですからね、ある面、聴衆はどうでもいいんですよ。というのも結局聞いている人のセンスで話をどう受けとるかは大きく違いますし、誰にでも分かりやすいような話というのは決して面白いものではないでしょう。となれば本人がやっぱり一番情熱を傾けている、一番関心をもっている部分に共感してくださる方に話す方が盛り上がるし、講演自体も絶対面白いんですよ。私は以前とても面白い本を書いている人の講演に期待して行って、ほんとにガッカリしたことがあるのです。なぜかというとその講演はも

う本でよく知っている話ばかりなんですよ。その人にとっては講演というのはそういうものなのかもしれませんが、私なんかほんとうにガッカリしましたね。私としては、そんな話はその本読めば書いてあるんだから、その先というか、そこからさらに深く掘り下げた話を聞きたいのにと、そう思ったことがあります。

私の講演が常に同じことの繰り返しにならないのは、その時ガッカリしたことも大きく影響しているかもしれません。

私は養老孟司《ようろうたけし》先生と『古武術の発見』（光文社刊）という本を出しまして、古伝の武術を研究しているということが、私のプロフィールに出ているのですが、では古武術家かというと、そうではないのです。いわゆる古武術というのは、一つの伝統を受け継いでいるわけですけれど、私は別に何か特定の流派の伝統を受け継いでいるわけではありませんから。たしかに、国井先生の鹿島神流を学び大きな影響を受けましたが、いまは鹿島神流じゃありませんし。ですから私は私の武術を現代武道でも古武道でもないどっちつかずということで蝙蝠武術などと冗談で言っていますけれど、つまりは創作武術ですね。もっとも国井先生にしても、鹿島神流とはいうけれど、国井神流と名乗られていた時期もあり実際には馬庭念流《まにわねんりゅう》とか新陰流《しんかげりゅう》とか、いろいろ学ばれ、それに御自身のインスピレーションを加えられて、実際には創始されたようなもんですからね。

まあいちおう戦後はずっと鹿島神流十八代を名乗られていて（十七代を名乗られていた時期もある）、家にそういう文書があったらしいんですけれど、実質的には、国井先生が一代で創られたようなものですから、具体的な技は、結局ほとんど御自身で整理編纂されたんじゃないかなという気はします。ですから古武術の研究者の中では、国井先生の鹿島神流は馬庭念流の分流というふうに、考えている人もいますね。まあ私はその方の専門ではありませんので何とも言えないですけれど。

二十八、異界に棲む者と稽古していた武の先人達

国井先生は技を創ってゆく時いろいろ、天狗《てんぐ》が出てきたりすることがあったらしいですけれど、そういう時の稽古の様子は他人には迫力のある一人稽古のようにしか見えなかったかもしれませんね。松林左馬助もそうですけど三年間、山に籠もって自得したということですが、どうしていたかというと、天狗と稽古していたんでしょうね。

願立の伝書は、もう全部天狗の絵ですから。そして「これは他流を覗くことのな

い愛宕山大権現《あたごやまだいごんげん》の直伝である」と書いてあります。

その天狗は普通の人には見えなかったかもしれませんが、松林左馬助には、全く実感として見えたのでしょう。そして国井先生もそうだったと思うのです。絵で見れば、御存知の通り鼻が長かったり、烏天狗《からすてんぐ》といって、嘴《くちばし》があったりとかいろいろですが。

そうした天狗達が、稽古している時相手になってくれたんだと思います。他の人が見ればさっきも言いましたが、一人で動いているようにしか見えなかったかもしれませんけれど。

国井先生も、天狗以外にも坂上田村麻呂《さかのうえのたむらまろ》の指導霊が出てきたり、清水《きよみず》の観音さんが出てきたりと、いろいろ出てきて、私も縁のある、奈良の大倭紫陽花邑《おおやまとあじさいむら》でもさまざまな稽古をされたようです。この紫陽花邑には、大倭神宮というのがあるんですけれど、そこの神前で稽古をされていた時などは、よそ目に見れば、ひとり相撲で転げ回ったり、飛び上がったりしているようにしか見えなかったそうですが、「ううん、そうか、こういうことがあったのか、これはわしにも分からなかった」とか、そう一人ごとを言いながら、いろいろ稽古をされていたそうです。

ですからその人にとっては、まさに天狗や他の精霊に教わっているわけで。それを科学的にどうこうという必要は全くないと思います。その人にとってはまさにそうなんですから。

私の場合は別にそんなふうにハッキリと天狗や龍神《りゅうじん》など出てきませんが、ふり返ってみていままで歩んで来られた展開というのはやはり普通ではなかったなと思います。たとえば私が十七年前に、「武術稽古研究会」を出発させた時は、全く無名の存在で、それを誰かの紹介で広めてもらったということは、全くないわけです。

それこそ、バスの停留所を一つ間違えたという、普通からいえば偶然としか思えないようなことの積み重ねで、ふとある人と知り合って、その人が私のことを、こちらから別に頼んだわけでもないのに、「面白い人がいる」と言って、話をしてくださって、そういう風にして広がっていって、結局、たとえば養老先生と本を出させていただくというふうに、いつの間にかなってきたわけです。

そして具体的な技に関しても私の研究を助けてくれる非常にセンスのいい人が出て来てくれたおかげで井桁崩しに気づき、その後、四方輪そして四方輪後さまざまな動きが展開してきてから、昔の武術の名人・達人の技というものは、もちろんいま私がすぐできるわけじゃありませんけれど、「決して、あれはホラ話じゃなかったな」ということが分かってきました。

いまも言いましたが現在の私にもできることはタカの知れた程度ですが、それでもそれは、一つの原理的なもので、単に私だけができるとかいうんじゃありません

夢想願立　絵伝書より

（松林忠男氏蔵）

から、これを一つのヒントとして、単なる梃子の原理とは違う、やっぱり技として術として利く世界があるんだということが、最近次第に理解されはじめてきたように思っています。それは私のところで稽古している人達にいままでにない進歩が感じられはじめてきたからです。

二十九、稽古眼目は何よりも「動きの質的な転換」にある

私の所は一回指導制の形をとっており、熱心な人達でも、月に、私の所で稽古するのは、普通は三回ぐらいです。多い時で四回か五回。そのほかは、親しい仲間と集まってどこか場所を借りて週に一回やっていたりいなかったりという状態ですから、現実に人と稽古しているのは、月一〇回もないわけですよ。あとは仕事中とか、いろいろな現場で、捻じらないとか居つかないとかいうことを、常に問題として抱えているわけです。常にそのことが思考習慣の一部になれば、通勤している最中でも、いつの間にか考えているという状態になっているようで、そうなるとやっぱり変わってきますね。

そういう動きの質的な転換ということは、単なるイメージトレーニングとも全然

違うんですよね。しかし、ある種、イメージトレーニングに近いような、感覚的な世界ですからね。その辺をうまく説明するのは非常に難しいのですが、私の畏友である整体協会の野口裕之先生の言葉を借りれば「内観的身体の状況を把握して稽古をしてゆく」ということですが、こうしてゆくと私も以前に比べて、現実に木刀でも竹刀でもこれらを振る速さが、はるかに速くなってきています。

普通考えてみれば、私はいま四十六歳（当時）ですから、もうコーチとか監督とか、現役を退いている年代ですよ。でも現実に速さとか切れ味というのは、二十代の頃に比べれば、はるかに今のほうがいいわけです、このことは、動きの質が違えば、体力的なものとかそういうものの衰えを十分カバーするものが備わってくるということだと思います。

とにかく動いてみて、動きの自在さとか、自由さとか、軽やかさとか重さとか、技としての身体を動かす快感というのは、二十代の頃は本当に不自由で、ガチガチで、うまく制御のきかないトラクターみたいなものでしたから。つまり、ウワーッと行き過ぎて、慌ててブレーキ踏んだら、つんのめりそうになったとかそういうような感じですよね。

とにかく動きの滑らかさという面から見れば、今のほうがはるかにありますから、速さも速いですね。

三十、身体各部を直接、動きに参加させる

たとえば今、剣道の人と向かい合って私がずっと剣を下《げ》段に落とした場合、現代剣道で試合の時に下段なんてとる人は、まずいないですから、驚かれます。なにしろ普通に下段にとったら面も何も空いていて、相手にしたら打つも何も自由だという感じですからね。

相手の剣道の人が上《じょう》段にとって、私が下段に落とした時に、私が、「いや、ちょっとその籠手《こて》危ないんですけどね」と言ったって、向こうじゃ、信じないんですよ。私としては剣道の人が私の面を打とうと降ろしかけた時に、下段にあった私の剣が、相手の籠手まで届くのが分かりますが、剣道の人は今の剣道の常識で考えますから、下段に落とした剣がまさかそこまで来るとは信じられないようなんです。それは動きがヒンジ運動が前提になっているからで、私のようなタメやアソビがなくなってきて全身が直接的に関連した動きを知らないからだと思います。

普通の人は皆ヒンジ運動で動いているのが前提ですから、竹刀が飛んでくる気配がまる見えなのです。要するに、腕とか肩とか、ある特定の筋肉だけが使われて、

あとのたくさんの筋肉は、ただ傍観しているしかないんですよ。

傍観というか、ただ腕を動かすために支えてたり、つっかえ棒の役目というか、クレーンの支柱の役目をしていて、あとはクレーンがヒンジ運動をしてゆくだけという感じですね。単なる応援団というか、「ガンバレ、ガンバレ」と声援するような間接的な協力をしているしかない。

ところが身体じゅうを割って詰まりをなくし支点を消してゆくと、**身体じゅう全部が直接参加できるんですよ。**そうしたら効率の良さは当然違うでしょう。

たとえば部屋を掃除するのに、全員の内の何人かだけが、ただ一生懸命、掃除をしていたら、やっぱり時間が掛かりますね。ところが一斉に皆、参加して、それぞれの持ち場持ち場を効率よく掃除すれば早く終わるでしょう。

つまり身体じゅうが参加できるような動きができるような身体の使い方を身につける事が大事なのです。けれどこれが難しいのです。皆、つい、もう子供の頃から染みついている、支点をつくって、それに従ってやる動きでしょう。ですから、胸とか背中はやっぱりどうしても傍観者というか、ただ支え役というかそういう形になっちゃうんですね。

昔の達人の技が凄かったのは要するに、現代の体育やスポーツの常識とは、**全く違う原理で動いてるからなんですよ。**ただ普通は人間の動く原理なんて、そんなに違うと思わないでしょ。そこに昔の達人技が信じられない理由があるのです。昔の神技が、信じきれないというのは、そういう原理が現代にないからですよ。原理があれば、誰でも「なるほど」と納得すると思うんです。

たとえば百年昔の人に、「人を何百人も乗せて空を飛ぶ」なんて言ったら、これは全くホラ話だと思うでしょう。でも今はジャンボ機なんか飛んでいるわけでしょ。ですから誰もホラ話だと思わないですよね。

それは原理が分かっているからですよ。具体的に詳しく知らなくたって、何かそれらしい原理があるんだろうということは、皆、信じているから、誰もホラと思わないんですよ。今、子供が「やがて空を飛ぶ」とか「月へ行く」と言ったって、ホラと思わないのは、その原理があるからですよ。

三十一、機械作りの大天才、溝口龍一溝口鉄工所社長との出会い

ただ、こうした普通の常識から考えるとまるで常識外れとしか思えないようなところにこそ妙術があるというのは、つい最近、関西でお目にかからせていただいた溝口龍一《みぞぐちりゅういち》氏との出会いで一層確信を得ました。

溝口氏は小学校も一年間じゅうぶんに通えたかどうかという程度の学歴ですが（というか、学校教育を受けなかったからよかったのかもしれませんが）、その省力機械製作に関する才能はまさに天才中の天才という方で、溝口氏が経営されているその関西の農村地帯にある小さな鉄工所が生み出した機械のなかには、世界中のどんな研究所もメーカーも完全に不可能と断定したことを実現してみせたものを含め、いくつものきわめて効率よく故障しない作品が生み出されているのです。なにしろなかにはあまりの優秀さに世に出すことを国によって禁じられたものまであるのですから。

そして、そうした超優秀な機械のアイディアの素はといえば、子供時代の遊びとか、チューインガムとか非常に身近なものなのです。しかも設計図はカレンダーの裏に三〇センチのものさしと鉛筆だけで描くという簡素さで、なんとも痛快な話です。

私は幸いにも、〃事実は小説よりも奇なり〃という天才、異能人の方々に出会える運に恵まれていますが、この溝口氏もそういった天才、異能人の中でも一際光る方だと思います（溝口氏のことはいずれ機会をみて詳しく紹介したいと思っています）。

「私のやっていることは、一〇を三で完全に割り切るということです」と溝口氏は私に話をされましたが、これこそまさに、天才の言葉であると思います。御縁があったことを心から感謝しています。

三十二、いわゆる科学的トレーニングが達人技を消した

人間の身体の場合、では何で動きの原理が分かりにくいのかというと、基本的にやっぱり「ブラックボックス」的な感じだからだと思います。

つまり客観的に見ることができる機械とかそういう物だったら、「ああ、ここをこう改善すれば」って分かるかもしれないですけれど、人間というのは、人の動きを見てもそうですが、内部の感覚的なものが非常に多いですから、「これはヒンジじゃない、これはまわっている動き、これはまわってない動き」と言っても、普通はなかなか分からないですからね。ですからそれを客観的な術理として、理論として取り出して示すということが、非常に困難なんです。

ですからこうした研究がなかなか進まなかったのでしょう。たしかに体育大学などで研究はいろいろあって、「有効なトレーニング方法」などもいくつも発表されていると思います。ですがその研究の前提条件が、ごく普通の一般的な動きの上に成

り立っていた場合、当然そこからは驚くべき達人技みたいなものは出てこないですよね、やっぱり。

結局、「どうすれば筋力がより強くなるか」とか、それこそ「いまの柔道は、どうも捻じった時の――これこそ、一番いまの私が良くないと思っているものですが――筋力が弱いから、こういう形でバーベルを持たせたほうがいい」というような、そういうレベルの研究段階ですからね。これでは達人技などは、ますます信じられない方向に行ってしまうでしょう。

また「腰を入れる」ということも何か根本的に誤解されているように思いますね。いまよく言われている腰の使い方では居ついてしまって腰をこわしますよ。「拳の威力は腰のひねりに乗せて」とか、それから剣道などで「手首のスナップをきかすことが重要だ」などと言われていますが、このような一般武道で常識的なことは、『願立剣術物語』で見ると全て「病気の身」という、やってはいけないことに分類されてしまっているんです。『願立剣術物語』では「病気の身のこと」「無病の身のこと」と分かれて説かれているのですが、それによれば現代剣道の、床をバーンと蹴って飛び込む動きなどは「病気の身」で、やってはいけない動きなんです。『願立剣術物語』では、「足は手に引かれていき、手は師《し》の引導《いんどう》に引かれていく」と説いています。

師の引導というのは、その流儀の教えですね。その教えによって、手が動き、その手に引かれて足が動くというわけです。普通は足で蹴って行きますから、それに対して手から行くというと、何か、小手先の技だというふうにとられがちですが、そこがもう根本的に正反対なわけです。いま常識のように言われている教えと。

でもそのぐらい違うから、「ああ、これなら、昔の達人技が消えたことも分かるな」と思えるわけですよ。

三十三、小成は大成を妨げる最大の要素

だいたい皆、何でも帰する所は一つだとか、よく、万芸は一つだとか言いますけれど、ああいうふうに気安く言うのは、私は好きじゃないんですよ。もちろんそういうところは確かにあるかもしれませんが、安易に「一つだ」と言いたがる人の話を聞くとそれがごく素人的な意味での常識レベルの話だったりすることが多いのです。素人的にいえば常識だということが、精妙な術理においては、進歩を阻害する元凶になっていたりするのです。

だから私は技術が進歩しない一番の原因というのは、「それなりにできてしま

う」、小成つまり、小さく成功してしまうことだと思っているのです。「小成は大成を妨げる最大の要素である」というのが私の持論です。

つまり誰でもが都合が悪いと感じるスランプならいいんですけれども、小さな成功というのは、「もうそれぐらいできればいいや」というふうに、満足してしまうことでもっと大きな成功を妨げてしまうのです。このことはすぐれた古伝の武術書、たとえば『願立剣術物語』などを見るとつくづく実感します。なにしろいまの剣道なんかの言うことと、ことごとく違うことを言ってますからね。ですから、これほど具体的な身体の使い方が違うことを説いているところからみてやっぱり、凄い世界というのはあったに違いないと思うわけです。

三十四、松林左馬助ならプロ野球で六割は打てただろう

『願立剣術物語』という本は説き方が非常に巧みで、たとえば、動きは手から始まると説いていますが、また、

「心の向く方へ前手を延ばしすらすらと出ば足も其せいに連れ、身も連れ、象に陰の添うが如し。たとえば浮める舟を動かす如くに一方動けば四方不動という処な

し。連れて一度に動く如くぞ」と、形と影が一緒に動くように、浮かんだ舟というのは、片一方が動いたなら、他が残されていることはない、全部つれて一緒に動くと、そういう風に説いてもいるのです。

だから「足は手に引かれていく」というよりも、それは全部一緒に動いているんですね。ところが普通、「一緒に動く」というと、足や腰のほうから、人は動かしてしまうのです。普通、足から動くことが大事だといいますから。野球のピッチングなんかもそうですけれど、腰が行って、そのあと胸・腕というふうに順々にムチのように行くでしょう。ですから「手から先に動く」というぐらいにしておいて、ちょうど全部が一緒に動くのですね。このあたりは本当に説き方がうまいなと思います。

腰から動いていくというのは「十分、タメが利いて」という感じで。まあ、それはそれでそれなりに、意味もあります。ただこれは、さっきの「小成は大成を妨げる」という言葉を思い出していただければお分かりかと思いますが、それなりにできてしまうということが、もうそこにはまってしまいますから、次の世界が開かないんですよ。

いま野球の話をしましたのでそのついでに言いますと、いまイチロー選手が話題になっていますね。いままで一シーズンで二〇〇本も安打した選手はいなかったですから。でも本当に動きの質の転換した人だったら、私は一シーズン三〇〇本、打率六割以上はいくと思うんですよ。

たとえば松林左馬助みたいに、飛んでいる蠅を自由に切り落とすことができれば、まあ、それぐらい見えれば、少なくとも三振はあり得ないでしょう。何百回に一回ぐらい空振りはあったとしてもね。もちろんその打つスタイルは腰を回す今のバッターの打ち方とはよほど違うと思いますが、まず確実に打ち返せたでしょう。プロならばほんとうは、そうした一般レベルの上達とまるで質的に違ったところを見せて欲しいと思いますね。

三十五、現代でプロの頂点に立つ男、〝雀鬼〟桜井章一

プロという言葉が出たので、ここで、さきほどちょっと触れた麻雀二十年間無敗の桜井章一雀鬼会会長のことをお話したいと思います。

どんな分野のプロといっても、この人の前には、みな自分がプロと言うのは恥ずかしくなるのではないかというほどの人が桜井章一会長です。あの人ほどのプロというのは、思い当らないですよね。

この人の場合二十年間、何で無敗でいけたか。それはこの桜井会長が本当のプロであり、それゆえに本当のアマチュアだったからですね。つまりこの桜井会長は金銭のために麻雀をやっていたのではないということです。桜井会長は代打《だいうち》といういわゆる裏プロをされていましたから、何百万というギャラを積まれることは普通だったようですが、一銭も受け取らないということが、しばしばあったようですし、状況によっては少し受け取ったことがあったかもしれませんが、だいたい取らなかったということです。

義理絡みで頼まれてというか、この桜井会長にとって麻雀はお金が目的ではなかったのです。

自分は代打でいくから、バックは賭けてるかもしれない、それは分からないけど、自分にとって麻雀は金のためではないんですよ。自分はただ麻雀をやることだけだったわけです。つまり、凄まじいアマチュアでしょ。とにかくその麻雀に勝ちきることしかなかったのですから、桜井会長にとって麻雀は自分が生きていることの存在証明だったのでしょう。

そのために、大勝負の時は三日ぐらい前から、一切食べ物も受け付けない、飲み物も受け付けない、眠ることもできない、そういう風に自分をギリギリの極限状態にして、勝負に臨んで、勝ちきった瞬間に全てが嫌になる。そういうことの繰り返

桜井章一氏
(写真提供:竹書房)

桜井氏と筆者

しだったようです。つまり勝ちきるまでは一種異常状態になっているわけですよ。そして終わるとそれを醒まして、自分の土に還るという、正味《しょうみ》の自分に戻っていくために、夜明けの街をずっと歩いていく。そういう凄絶な世界を生きて来られた人ですからね。「誰か俺を負かすような相手が出て来ないだろうか、負ければ楽になれるんだが」と思う一方で、「もし負けたら、とても周囲の人に合わせる顔がないから山へでも入らなきゃならないかな」とも思われていたようです。

つまり、全力をあげて本当に自分が打ち込めるものというのは、麻雀だけだったんですね。

そもそも桜井会長の麻雀との出会いは、お父さんが散々、麻雀で、お母さんを泣かせていた暗い思い出が出発点だったそうです。ですからそれを見て、「麻雀なんて、こんなものがあるから、自分の母さんが泣くんだ」という、麻雀に対して憎しみを持っていたそうです。

それがたまたま学生の時に友達がやるのを、何気なく見ていて、牌がすごくきれいに見えたそうです。それで見ているうちに、麻雀のルールは、一回で覚えられたらしいんですけどね。それでやってみて、それから負けてないんです。覚えたてから負けなかったそうです。

それで覚えて一カ月もしたら、歌舞伎町《かぶきちょう》あたりで、それで食ってるような、要するに雀ゴロとか雀クマといわれる人とやっても負けないようになり、半年もしたら、もう桁外れの腕前になってしまって、代打という他から頼まれて打つ裏プロになったそうです。以降、負け知らず。そういう中で、凄まじい修練を積み重ねられていくわけですね、自分で。

三十六、二十年間無敗を支えたプロ中のプロの、そしてそれゆえのアマチュア精神

ですから桜井会長にはもの凄い神話的エピソードがたくさんあるのですけれども、私にとって一番、印象深いのは、人から頼まれて大勝負をするというわゆる裏プロを引退したあと、約三年間は、たまに「遊びでちょっとやってみようかな」と思って、牌を触ると、指がものすごく痛い。まるでバーンと石にでもぶつけたように、激しく痛んだというエピソードです。

また牌を見ようとすると、眩《まぶ》しくて、牌がよく見られない。それはまるで麻雀牌から、「お前、引退したんだろう、もう触るなよ」「もう見るなよ」と拒否されているようだったそうです。この話を聞いた時は本当に凄いと思いました。いままでどんなプロ野球の選手、あるいはプロゴルフの選手であっても、引退してみたら、バ

ットに拒否されて、バットが「お前、俺を持つな」と言うとか、クラブが、「お前、俺に触るな」と言うような感じがして、実際に触ったら、とても痛くて持てなかったなどという、そんな話は、聞いたことがないですからね。つまりそれほどまでに一体化していた人はまずいなかったということでしょう。

だからこの話を聞いて、どんなプロの大選手と言われてもそこまで自分が本当に打ち込んでいたかというと、「そこまでは、いっていなかったな」と、まず誰でも思うんじゃないでしょうか。

ですから私はこの話はぜひ、そういったプロスポーツをはじめとする、プロの世界のプライドを持っている人に知って欲しいと思いました。

麻雀の強い人、才能があった人は、他にもたくさんいたと思うんですけれど、なぜ桜井会長だけが二十年間も勝ち続けたのかというと、それは、皆、普通は「金のため」とか「何とかのため」があるのですが、桜井会長は、その「何とかのため」がなかったからですね。強いて言えば、「親の仇《かたき》だ」ということでしょうか。

ただ自分が本当に打ち込めるものがそれだったということだと思います。つまり、本当のアマチュア精神ですね。ですから、プロ中のプロというのは、ある面、**究極のアマチュア精神**の持ち主なんですね。

ですから「自分はべつに金が欲しいっていうわけじゃないけれど、実力の評価の基準が金しかないから、金に執着するんだ」とか、いろいろ理屈を言っている、プロ野球の選手なんかいますけど、あれはやっぱりまだまだ、本当の意味のプロ意識というか、自分が本当にそれに全てを打ち込んでいるような思いが、ないのだと思います。

その桜井会長とせっかく同じ時代に生きているのですから、一度直にこの〝伝説の雀鬼〟にお会いしたいと思ってお目にかからせていただいたのです。ところがその時桜井会長はどういうわけか、何かえらく、私のことを、評価してくださって、麻雀雑誌などに私のことを絶賛して書かれてしまったので、本当に参りました。なにしろ「自分の生涯でかつてなかったほど、甲野先生に会ったことが嬉しかった」などと書いてくださったのですから。けれどこれほど凄い方と出会うとやはり非常に影響を受けますね。〝雀鬼効果〟と我々は呼んでいるのですが、現状のままの自分がいたたまれなくなってくるのです。

三十七、裏の人が表に出てこざるを得なくなった現代

しかし、こういう……いわば「裏の人が表に出てきた」ということにいまの時代の危機感があるように思うのです。昔は「裏は裏、表は表」で、裏というのは、表より必ず凄かったし、強かったわけです。前述の国井先生にしても、剣道界からいえば、「裏の人」です。

裏のほうに、常に凄い人間がいるのですけれど、その裏の人間が、いまのように表の世界がピンチだという時に、いわば〝代打〟を買って出るように、出てくるわけでしょ。やっぱり時代の要請だなと思いますね、つくづくと。

このことに関して思い出すのは、関西にいる、私と大変親しい精神科医の名越康《なこしやす》文《ぶみ》さんのことです。

この名越さんとは、まだ二年（当時）ほどの付き合いですが、彼こそ天性の精神科医だ、と思えるほどの人物で、およそ〝医者の権威〟というものを感じさせない人物です。

名越さんを見ていると、「心に深い傷や悩みを持った人は、こういう人にしか本

当に心は開かないだろうな」と思います。

いかにも医者らしい、そうした雰囲気を持った人に相談できる悩みというのは、まだ傷が浅いように思いますから。

その名越さんが、クライアント（来談者）と本当にピタッと心が通じ合ったかな、という時は、それはもう教科書どおりのカウンセリングではなく「裏の意識に入ります」と話していました。

その裏の意識になるというのは、その人を、カウンセリングでうまくちゃんと指導できても、それは絶対、理論として論文で発表できるような言葉にならない。つまり表の学問として発表できない。非常に微妙な技術だということです。

学問というのは、誰にも分かるように一般化するものでしょ。ですから、医者で表の世界というのは、「はい、この症状にはこの薬」だとか、「この注射」ということになるのですが、裏の意識というのは、名医でも、「いや、注射というのは打つ角度があるんだよ」という、「効く角度があるんだ」とか、やっぱりそういうことを言うようです。そして、実際にはそういう人の方が信頼できるということですね。

はじめに述べた野口先生なども裏か表かに分類すればもちろん裏の世界の方です。

面白いのは権力の側というのは、常にこういう裏の世界を表面的には嫌いますよね。ところがそれでいて裏側では、どこそこの有名な大学病院の先生が、実は民間医療の、うまいという人を知っていて、自分の家族か親友はこっそり、ここに紹介して、いわば裏取引として「お目溢《めこぼ》しする」という感じがある。

ただそれがまた目立ちすぎると、厚生省（現・厚生労働省）に摘発されたりするわけで、この社会は何かいつも、そのバランスみたいなものがあるんですね。

しかし、まあ、なんといっても実際、腕のいい人は、裏にいるんですよ、絶対。

しかし、その裏の世界にいた桜井会長のような人が表に出てきている動きを見ると、やっぱり表が危なくなってきているのではないかと思います。つまり、「私は裏で結構だ、表は表でそれなりにちゃんと運営していっているから」という社会がこわれかけてきているのではないかということですね。

三十八、切迫してきた時代状況が裏と表の境を消して来た

たとえば、現在どんな人間にとっても一番切実になってきている問題は環境問題ですね。湾岸戦争がいい例で、ちょうど家の中で喧嘩してたら、火事になってきて、「火事を消そうか、喧嘩を続けようか」というような状態でしたね、言っ

てみれば。そういう風に、環境を心配しながら戦争をするなんていうことは、いままで無かったことですからね。

そういう状態になってきて、いま環境問題はすべての人に対して大きなプレッシャーになってきています。たとえばこれから中国が近代化すれば酸性雨とかいろんな問題が出てきて、日本全体に大きなストレスがかかると思うんです。そういう潜在的不安が地下鉄サリン事件とかそういうものを生み出してきているように思います。よく「罪もない一般市民を巻き込んで」なんて言われますが、**今の時代に生きている、ということはそれだけで加害者でもある**のです。そのことを一般の人々もよく考えなければならないと思います。「このままじゃいけない」という思いが、表と裏をなくしてきたのではないでしょうか。政治の世界ではまさに、保守と革新が、ちょうど消えかけていますものね。

とにかく総理大臣が社会党（現・社民党）から出るぐらいなんですから。

昔で言えば、いわば裏の存在であったような社会党で、どう転んだって、日が西から出ても政権をとれるなんてことはないだろうと、何年か前までは思われていましたから、これは、非常に象徴的なことだと思います。

そういう時代の中で桜井章一なんて、いわば裏社会にいた人で、いままでなら、恐らくはそのままで消えただろうという人が表に出てきたのだと思います。その人がどういう動機で出てきたか、もちろん個人的な事情はいろいろあったのかもしれませんが、これはやっぱり一つの時代の必然だと思うんです。ですから、それをみて「麻雀打ちのどこが偉いんだ」なんて言う人はセンスのない人ですね。

それはちょうど、明治維新の頃に似ていますよね。ついこの間まで、公儀《こうぎ》に楯突《たてつ》く大罪人というのが、今度は表舞台に出られるようになったのですから。

だからあの頃の歴史は面白いでしょ。幕末に尊皇《そんのう》運動をして、藩の牢屋に入れられていた人物が、時代が変わって、あわてて厚遇されて、これからの国を引っぱってゆくよう依頼されたわけですから、時代が変わって、この間までの政治犯が、いまや指導的な立場に立つ。現在はそれと同じでやっぱり時代の変わり目だと思います。

三十九、古伝の術を見直すべき時がきた武道界

まあ、そういう流れのなかでこれからは、古伝の武術も、新たな見直しをされるかもしれません。そしてその時、私はべつに何流を受け継いでいるというわけではありませんから、場合によっては産婆役といいますか、ある種の触媒的な役目をすることになるのかもしれません。ただそれで新しい組織をつくろうとか、

そんなことは全く考えていませんが。

じっさい剣道界など表の武道の世界で、日本でもかなりのクラスの人と、本音で、一晩いろいろと、話をしてみると、たまたま私が会った先生が非常に正直な方だったからかもしれませんが、やっぱり、ものすごい不満を持っているわけですよね、剣道界の現状に対して。

けれど大きな組織として現にいま在るものを本質的に改革するということは大変なことなんですね。政治の方は情況が切実になってきて大きな変化がありましたが、剣道界は、そうした切実な問題というのはハッキリした形ではなかなかあらわれませんからね。ですからたまに純粋な人がひどく悩む程度です。

ただ私からみれば、いまの剣道は、たとえば左足が前に出るのは、ルールでは禁止されているわけではないのですが、実際の指導では、「それは正しい剣道ではない」と言われて全部直されるということが、どうみても納得いかないのです。常に右足前というのは、相手の胴を打つ時、身体が捻じれますし、これこそ正しくない、と思うのです。その他にも具体的におかしいなと思うところはたくさんあります。

最近は、鍔迫《つばぜ》りがあまり長すぎるので、問題になっているようですが、これは、鍔迫りの技術がない、ということを剣道の大家と言われる人達がみな認めたようなものです、何か根本的に違うんじゃないか、と私などは思ってしまいます。なぜなら、身体じゅうの支点を消してゆくような武術的な動きを研究していけば、こんなことにはならない筈だからです。

いま剣道界は剣道人口が次第に減ってジリ貧状態になっていると言いますからこれからはそういう声に真剣に耳を傾ける時期ではないのかと思うのですが。

私は武術を稽古するなら、武術の稽古による、身体感覚を通して、改めて「人間にとっての自然とは何なのか」をいうことを問うことが、非常に大事なような気がするのです。

四十、人間にとっての自然とは何なのか

人間にとっての自然とは何なのかということは、前々から私が言っていることですけれど、人間というのは基本的な生活技術としての本能がないわけですよね。言葉だってそうでしょう。たとえば、日本語が本来あるべき人間の言葉だ、なんて言ったら、英語圏が怒るだろうし、フランス語だってあるし……。食べる物にしたって全くいろいろ違うし、生活習慣だって違いますよね。日本人

は裸足でも平気だけれども、同じ東洋でも中国の、それも辺境の、タクラマカン砂漠なんかにいるウイグル人が、素足を出すことを激しく嫌うように、それなりの文化というか、伝統というか、そういうものが根強くあるわけですよ。

こうしてみてゆくとどんな民族にも共通した生きかた、つまり人間にとっての「自然」というものはないと言ってもいいと思うほどです。でも、ないからこそ、人間というのはいろいろなものを切り開いてきたと思うのです。そして二次的に本能に代わるものを創ってきた。そういう基本的な生活技術としての本能がないということは、「不安」なことですけれど、その「不安」が文化を生んだんだと思います。つまり、「不安」が科学を、そして「不安」が宗教も生んだんだと思います。

不安が科学を生んだというのは、要するに、不安だったら、なぜかを知ろうとするからです。なぜ煙が上に上がるのだろうかとか、なぜ水は下へ流れるのだろうかとか、そういう身近なことからどんどん、物理とか化学が発達してきたわけで、それはやっぱり元は「不安」があったと思うのです。

それが時に「好奇心」というふうにも、置き換えられるかもしれませんが、つまりそこに停まっていられないんですよ、人間というのは。だから、人間の歴史というのは、常に自転車操業で続いてきたわけでしょ。

まあ東洋では、それが、それなりのバランスを保っていたのかもしれないですけれど、西洋ではどんどんものを追求していって、自転車操業の回転がますます早くなって、これが分かったから次をつくる、次をつくればさらにその先を、というふうに、どんどん研究が進んで、それが本質的にいいかどうかということは、分かりませんけれど、とにかく、そうして現在に至っているわけです。もちろん環境破壊とかいろいろ起きて問題になっていますが、でも、人間というのは、そうせざるを得ない面があるんじゃないかという気もするんですよ。

その辺が、人間の業《ごう》の深さでもあり、同時に素晴らしさともいえると思います。

四十一、宇宙はなぜ人間を生んだのか

私が、ここで私の、基本的な思想というか考え方を、簡単に言ってしまえば、全てのことというのは、偶然じゃないというふうに思っています。ただ、それは「神のお慈悲」とか「神のお恵み」というものよりは、もっとよっぽど乾いた考えで、私は宇宙が人間を生んだのは、宇宙が自分を知りたかったからだと思っているのです。

つまり宇宙が、宇宙という、自分自身が、どうなっているかを知るためには、と

にかくニュートリノとか、自由自在に飛び回る素粒子みたいなものだけだったら、それらは自由自在だから、べつに何も考えてくれないですよね。すごく不自由で不安を感じる人間みたいな存在を創って、初めて、「この世はどうなっているのだ」とか「宇宙はどういう構造なのだろう」と、ある面、しょうもないことを考えてくれるわけでしょう。まあこういうふうに私が考えるというのも、私自身のなかに今もあるらしい宗教的志向に火がついて、そういう世界にのめり込み、収拾がつかなくなることを恐れているからかもしれません。

人間は宇宙自体の「脳」の役割をするのじゃないかなと思うんです。だから宇宙がそういう存在を創った。そういう風に考えれば、べつに人間が猿から進化してきたものであろうとなかろうとそれで人間の価値が変わるとは思えません。

ついでにおことわりしておきますが、この考え方は、私のなかで自然と育ってきたものなのですが、以前に、佐治晴夫《さじはるお》先生（県立宮城大学教授）にお話したところ、これと同じような考え方は「人間原理」という学問のなかにすでにあるようです。

まあ、私は私なりに、自分の考えを整理していってたどりついたのですが、やはり人間は同じようなことを考えるのですね。

私が武術をやる一つの大きな動機はやっぱり、「人間にとっての自然とは何か」ということがあります。さきほども述べましたが、人間にとって自然というのはある面〝ない〟のですが、そうであればなお一層追い求めずにはいられないのです。私は木と水が、木でも特に広葉樹林、落葉にせよ、常緑にせよ、とにかく、広葉樹が好きなのです。

杉とか檜じゃなくて、つまり昔の自然林です。もちろんそのなかに杉や檜が混じって生えているのはいいんですよ。そういう混合樹林と、それからまたそういう林のなかに広がっている沼や沢なんかの水辺の景色がたまらなく好きなんです。

そして、そういう所で、「ああ、自然はいいな」というふうに傍観者的に見てるんじゃなくて、その良さを本当に味わいたいというか、つまりビールの好きな人は、本当にビールを美味く飲むには、喉が渇いた、本当に味わえる状態になってから飲みたいというように、直に自然の素晴らしさを味わいたいと思っているのです。

そしてその時「人間にとって自然とは何か」ということの答えが私なりに自分の中で明らかになってくるのではないかなという気がしているのです。まあ、いつかは、それを実感したい、そのために、そういった感性を研《と》いでゆくために私自身は稽古しているのかもしれないな、と最近は思っています。

よくプラス思考とか、ボジティブシンキングなんていうのがあって、それぞれ固有のイメージ法で、そういう状況をイメージする。つまり、「念ずれば現ず」ということですが、私はそういうのはあまり好きじゃないですね。もっとも私自身自分が夢のようにずっと追っかけてたものがいつの間にか実現していて、たしかに「念ずれば現ず」というのはあると思います。ただ、その念じ方は夢のように、けれど何気なく、しかも確固として、常に自分の心で描いていることも忘れているようにすることです。そうすれば、自然と無理なく、非常に高い確率で願いが実現するでしょうね。

無理やりに、「私はこうなるんだ、ああなるんだ」ということではなく、私が昔の古伝の技の一端でも再現することで、その感性が、瑞々しく自然を感じられる状態を得たいという、そういうことを潜在的に思っていたから、自然と実現したのかもしれないですね。それが最近、ふと分かったんですよ。

ですから、「人間にとっての自然とは何なのか」ということの問いかけが、私を突き動かしている大きな原動力なのだと思います。

四十二、名画はノルマで色を塗っても描けない

では、私のところの稽古法について少しお話しましょう。

私のところの稽古は、普通よくある武道の稽古のイメージである、ガンガ

ン、苦しくても何でもやれというような形と違って、自発性を第一としてというか、本当にやる気のある時以外はやるな、という形でやっているのです。

嫌でも何でも、とにかくガンガンやってりゃ、「習うより慣れろ」で、そのうちできるようになるというのも一つの方法だし、確かに強くはなると思うんですね、それなりに。

しかし、素晴らしい絵などの芸術作品は、それを描いた画家が、嫌でも、めんどうでも我慢して、とにかくひたすら色を塗ってできたとは、誰も思わないと思うんですよ。なのに、武道の稽古は、とにかく多少馬鹿馬鹿しいと思っても、倦《う》まずたゆまずやっていくことが大事だというのは、やっぱりどこかおかしいんじゃないかという気がするんです。

私は本当に自発的な面がないと、発想がどうしても「それなりに間に合わせる」というふうになってしまうと思うのです。さっき述べた「小成は大成を妨げる」ということ、それなりに使えるようになるということが、それ以上のさらなる世界へ出てゆく扉を、かえって開かないようにして、閉じ込めてしまうと思うのです。

ですからそれなりの合理性、そこそこできてしまうということが、問題なのです。したがって稽古は、あくまでも自発的に、絶えず、自分の殻を破っていくような方向でやって欲しいと思います。

ですから私の所は、段もなければ役職もないわけで、一人一人が自分の中で、自分なりの問題を解いていってもらうような形にしているわけです。その点、かなり普通の武道の稽古会と違いますね。まあ、熱心に来る人でも多い月で五回ぐらいですね。年何回という人もあるし、頼まれて、仙台とか四国とかにも行っていますけど、二カ月か三カ月に一度ぐらいですね。

ただ、二カ月に一度ぐらいであっても、やっぱり確実にうまくなってきている人達がいますから、一つのテーマを持って、絶えず工夫してやっていくと、ただテーマもなく、何となく繰り返しているよりは、回数ははるかにすくなくてもいままでできなかったことができるようになってきます。

私の会は専従者が私一人で稽古以外にも原稿を書いたり講演をしたりと、いろいろなことをやっているため、週に何度も教えたりという稽古法はとれないわけです。ですから、一回の稽古を一つのきっかけとして、ある面、一期一会というわけではないですけれど、稽古にきてその中で響くものがあって、その人が気付いてくれれば、あとは自分で道を開いていってくれればいいと、そう考えているのです。

ですから私の所は、資格を認定して、指導員として支部をつくってもらうとかいうようなことは、全く考えていません。もし本人が自分で会をやりたければ、いますぐやってもいいと思います。ただやるからには、それなりの説得力のある技が、自分の身についていなければならないでしょう。けっきょく人に対して説得力があるかどうか、それこそが資格ですから、そのほかには別に何もないわけです。

とにかく、生涯にわたって、私は自分の会に支部をつくる気は、全くありません。もし私の所で稽古をしていた人が、自分でやりたければ、その人が自分で会の規則も何もかも、全部、つくってやってくれればいいし、その人と私が個人的には知り合い関係が続いていて、その人が私を呼んでくれるというのなら、行って指導することもあるかもしれませんが、あくまでも、そういったことも含めて一切その人の判断に任せます。

ある程度技ができてくれば、その人なりの思想なりやり方というのは、必ず出てきますから、そういうことに私は一切、口を出すつもりはありません。時として相談を受ければ私なりの意見は言うでしょうが。ですから私のところから分かれて、何かやりたいというのであれば、もちろん「どうぞどうぞ」と言うし、むしろ私のほうから、できてくれば、「やったらどうか」という形で独立を促します。じっさい、いままでに一人井桁術理の共同開発者である永野さんが私もすすめて独立し立派にやっています。そういうわけで私の会をピラミッド構造みたいにするつもりは全くありません。

組織ができれば、多くの人の知恵が集まりますから、もちろん無意味なことだとは思わないし、組織が悪いとは思わないけれども、私としては、自分のやり方として、あくまで「個」の状態を保っていようと思っているのです。トレーラーみたいに大きくなれば、もちろんたくさんの物を運べるかもしれませんが、自転車のようにちいさいと、小型なだけに小回りがきき自分の判断で自分のやりたいことができますからね。

四十三、教育は自発性を育ててこそ力となる

稽古の一番の元にあるのは「自発性」なんですけれども、私はそのことに関連して常々学校の、特に小学校の教育を見直してもらいたいと思っているのです。この小学校の教育については、私なりの提案を持っていますが、それは、私自身、要するに小学校、中学校では、勉強のできがいいほうでは全くなかったから、その時の教え方に「理不尽な」という実感があるからかもしれません。

たとえば「何は何で、これはこうだ」とかいう経過説明もなくて、中学の数学なんかでは突然、因数分解なんていうのが、出てきた時、すごく理不尽な感じがしたのです。「なぜそういうものができてきたか」ということを、どうして教えないかと

いうことなんですよね。もし、そういう歴史過程を教えれば、すごくいろんなことに興味が出て自然と視野が広がると思うんですよ。

ですから小学校なんかは、基本的に、読み書きするための国語と、体育と歴史の授業があれば、それでいいと思います。あとは算数も、理科も全部、付属的に存在するほうがいいんですよね。ものを知りたいという必然性のために。

たとえば「人間が何で火を見つけたんだ」とか、「車を見つけたのか」とか、「その車とお湯がポコポコ沸くことから、蒸気機関車ができた」とか、「蒸気機関車をヒントにして、ガソリンで動く自動車がどうできてきた」、そういうことを、子供って好奇心の塊なんですから、うまく、たとえば模型を使ったり、いろんな映画やら何か分かりやすい、そういう物語をつくってやれば、子供達はよろこんでどんどん勉強するようになると思うんですよ。

何で、そういう意欲を増強させるようなことをしないで、「勉強と遊びを区別しろ」とかって、ああいう苦役のような状態にするのか。これでどれほど、創造的エネルギーが消耗しているか分かりませんよ。だからどうして、もっとそういうことを本気で考える人がいないのかと、これは本当に不思議に思いますね。

もし若い時から、初々しい、瑞々しい興味をずっと育てていって、それの延長として、宗教を考え、思想を考え、また科学を考えるようにすれば、自然と「人間とは何なのか」ということを、成長とともに考えるようになるでしょう。

そうすると、単なる——何て言うか——いわゆる金の亡者とか、何かそういう、目先の利益とか、だけを追う人間じゃなくて、人間の本質について考え、そこから必然的に人間の生き方や、環境、その他人間にとって、本質的な問題を本気で考える人間がもっと多く出てくると思いますよ。

そういう、本気で社会のことだとか、人間とか、環境とかを考えるような者であれば、歳をとっても、そのことを考えていることで、十分生き甲斐もあり、自分なりの意欲で活動ができるでしょう。そういうものって、歳とってから、付け焼き刃でやったって、**絶対無理**ですからね。

四十四、生き甲斐は「本質的なこと」への関心で培われる

ですからそういう、本質的なことに対する関心を子供の頃から、非常に瑞々しい興味と共に、自然に育ててくれれば、「老人に生き甲斐を与えましょう」なんて、ああいう失礼なことを、言われなくて済むんですよ。これは**老人問題の一番根**

本的な対応策でもあると思います。

本来なら「生き甲斐」なんて、人にとって一番大事なことを、「生き甲斐を与えよう」なんて言われているぐらい、なさけないことはないんですけれど、そう言われても仕方がないような人が、現実に多いことも事実だから、そういう言葉が出てくるわけですよね。

だから「なんて失礼なことを言うんだ」というふうに怒れなくて、「そうだな」と言わざるを得ないようなところが現実にあるのはなぜかといえば、それはやっぱり基本的に教育が間違っているからだと思いますよ。

つまり、子供が「あれなあに、これなあに」って興味をもって知りたがってきた時に、無理のないように、自然に、そこに知識を流し込んでいって、「人間というのは、こういうことを考えてきたんだけど、君達はどう思うか、これから君達が背負っていくんだから、これをどうするのか」ということや、「これは伝えておくから、あとは君達がやってくれよ」という形で、何で導いていかないのかということですよね。

それを、「お前達は知らないだろ、こうなんだ、こうなんだ、こうでこうなんだ」って教えていくような、その、何か大人が子供に対して威張っているような態度をとっていること自体に、そもそも間違いがあるんじゃないかという気もしますしね。

ですからその辺の出発点がいまは間違ってると思うんですよ。最初に、勉強は何か強情我慢でやるような、苦役であるというような、その印象をまず取り去ってしまって、遊びの中から自然に学んで興味が湧き上がっていくような環境をつくっていけば、ずいぶん違うと思うんです。

四十五、興味を持つことの効用

私なんか、別に人の生き方の手本になれるような人間ではありませんが、いま本当に忙しくて、たとえば剣を現実に道場で振っている時間なんて、それは剣道の現役の人に比べれば、何十分の一ぐらいだと思うんですよ。それでもその人達に驚いてもらえるぐらいの剣の速さが最近出てきた。

それは動きが質的に変わってきたからなんですけれど、何で質的に変わったかというと、絶えず「動きの質的転換」ということに対する興味を、失わなかったからだと思うのです。

これが「一〇〇〇遍振りましょう」とか、「数やりゃ何とかなる」って、そういう発想だったら、絶対駄目だったと思います。

ですから稽古は決して義務化して押しつけないこと（稽古する人間のなかに必然性が生まれてくるようにすること）が大切だと思います。

私がたとえば物理のことだとか、相対性理論にそれなりの——もちろん入門書的な概略的な知識ですけど——知識を持ったのは、要するに武術の稽古をやるようになった、二十歳過ぎてからですからね。だからもっと若い時期に、数学とか物理とかということを、基礎からちゃんと理解していれば、もっともっと自分は進んだろうと思いますよ、いまから考えてみれば。なにしろ、その頃はひたすら、何でこう、難しく嫌なことを覚えなきゃなんないのかという感じでしたからね。

たとえば、その人がどういう状況にいるかで三角関数や微分積分だって、取り組み方がまるで違うと思うのです。たとえば、「こうやれば解けるのか、なるほど」って、新たな、面白い出会いを得たような興味で取り組むのと、無味乾燥な教科書で、「これも覚えなきゃいけないのか」という感じで取り組むのだったら、気持の積極性が、正反対でしょう。

興味を持った者であれば、新たな数学の公式だの、そういう原理なんかが見つかれば、それは新しいおもちゃを得た子供のように、激しく興味を持つ、数学を好きな子供なんかだと、特にそうだと思うんですけど。

だからそういう子供が稀であるというのは、これは絶対に、まず基本的な最初の導入が間違っているからです。だからその辺をうまく導入していくこと。しかもそれが何も、いい大学に入るためのということじゃなくて、もっとその人がより活き活きと生きるための、あるいはよりよい老後を過ごせるためのものとして、最初から考えていけばいいと思うのです。

そしてそのためには少なくとも「宇宙がどうなっているのか」ということを考えられるだけの、ある程度の基礎知識が要るし、相対性理論の概略ぐらいは、「ああ、そうか、人間ってそういう風に考えることができるのか」と言えるぐらいの知的導入口ぐらいは自然と育てるようにしなければいけませんね。せっかくそういう人間が発見したさまざまな原理があるのに、それを楽しまないのはもったいないと思うんですよね。

四十六、人間の生死を分けるのは人生を楽しめるか否かだ

そういう楽しむということは、非常に大事なことです。何か「楽しむのは罪悪」みたいに、変に考えている人がありますけど、それは単なる「娯楽」というふうに考えるからですね。本質的な楽しみというのは、人間にとって何らかの成長を伴うもので、それとは全く違うものです。そしてそういう楽しみはそれゆえに大きな辛さもしょって歩けるだけの強さも養ってくれるのです。

で、けっきょく生死を分けるような時はそういう楽しめる能力ということが大事なのです。私が親しくさせていただいている、整体協会の野口裕之先生も、「人間が最後に生きるか死ぬかを分けるのは、その人が人生楽しめるか否かだ」と言われています。

生きるか死ぬかでフーフー言ってる時に、薔薇の花を見舞いに貰って、「ああ、いい香り」とその薔薇の香りを味わって、ふっと楽しいことを連想できれば助かるけれど、そういう気持を持てない人は危ない、というわけです。

この野口先生の叔父にあたる方というのは、戦後自殺した近衛文麿《このえふみまろ》総理大臣の長男にあたる人です。この人は本当にお公家さんの坊ちゃん育ちで、プリンストン大学で、ゴルフ部のキャプテンを務めたような人です。

その人がそういう坊ちゃん育ちでひ弱かというと、そうじゃないんですね。本当に順境に育った人間というのは、ものを楽しむことを知ってるから、シベリアの抑留生活の中で、誰もが近衛さんと同じ部屋になりたいと言ったそうです。どうしてかというと、そこに行けば、「おい、これをやろう」って、将棋盤が出てくる。その将棋盤というのは、ボール紙に自分の着ている物の糸を抜いて、マスを作った、すごく粗末なものだけれど、次々にいろんな物を工夫して楽しんでいる。

似たような例は、華族で、若い時は大変なお嬢さん育ちだった人が、落ちぶれて長屋に住んだ時に、「毎日がキャンプのようだわ」って言ってね、その貧しい暮らしを楽しんで晩年は、すごくかわいらしいおばあさんになっていったので、長屋の皆に大事にされて幸せに亡くなったそうです。

もちろん、裕福に育った誰もがそうなるというわけではありません。華族で育っても、自分の見栄ばっかり気にしていた人間は、そういう境遇を悲嘆するでしょう。ただ、中には順境に育って、本当に素直な人になって、狭い所での寝起きもキャンプのようだと言って楽しめるという人もいる。そういう人は当然周囲の人達の心も和らげますから皆に愛されて死んでいくことができるでしょう。

こういう例をみると人間として、そうした人と、ものすごい広大な家で、嫌な人間関係でプーッとふくれているのと、どっちが幸せかと誰でも考えさせられるでしょう。

ですからどういう生き方をしてゆくかということに、子供の時の教育というのは、すごく大きな影響を与えると思いますね。

四十七、人生を楽しむ一森秀夫氏のこと

ただ、順境に育った人間だけが、もちろんいいわけじゃありません。私の知っている異能人のなかに、一森秀夫《いちもりひでお》さんという凄い人がいます。岸和田《きしわだ》で、トレーラーの運転手をしている人ですが、子供の頃は——家庭環境もいろいろ複雑だったし、貧しくて、中学もろくに行かなかったような人ですけれど、すごく素敵な人です。年齢は私のちょっと下ぐらいですが。

この人がタクラマカン砂漠を、八〇人ぐらいで、二カ月間ラクダに乗って横断するというツアーに行った時の話などは本当に傑作ですし、いろいろなことを考えさ

せられます。

とにかく昼間は五〇度、夜はマイナス七度、夕方の三時か四時頃に、風がスーッと吹くと、その数分間で温度が四〇度ぐらいダーッと下がる。その時にパッと防寒着を着ないと、身体がガタガタ震えてしょうがない。

そういう所へ行って、最初はそれこそ、中学もろくすっぽ出てるか出てないかなのに、ただキャンプなんかに慣れているから、というのでいちおう小隊長だったのですが、周りの人に何となく馬鹿にされているような感じがあったらしいのです。けれど、やっぱり旅が進むにつれて、この人の存在が輝いてくるわけです。なにしろ一森さんの器用さというのは、ただごとじゃないのです。

ナイフなんか、日本の有名なナイフメーカーの人の作ったものと、劣らないぐらいの見事なナイフを作る。それは刃からハンドルから、全部の仕上げまでです。あと、その気になれば、その辺の自動車のどの車でも、だいたい三十秒でドアを開けて、二、三分でエンジンをかけて動かすことができる。

昼は五〇度、夜はマイナス何度という中で、日本の特に普通、社会的地位のある人は、最初は、「そういうエリートの中でも、自分は冒険に行くようなロマンがあるのだ」という気持があったのでしょうが、どんどんノイローゼ気味になってきて、文句しか言わなくなってくるそうです。

その文句だって、だんだん錯乱《さくらん》したおかしなことを言うらしいのです。たとえば夜寝るためのシュラフのファスナーが砂で摩耗して、閉めてもすぐ開いてしまうことがあるらしいのですが、一森さんはちゃんとそういう時の修理用具も持って来ているから、「直してあげましょうか」と言うと、「いや、直さんでいい。こんなのは不良品だ、メーカーに文句を言ってやる」と言うそうです。それで一森さんがあきれて、「あなた、この砂漠の真ん中で、今夜、どうやって寝るんですか」と言うそうですが、相手はもう頭がパンクしていますから、それも考えていないでただイライラしているそうです。

それから、持って行ったトランシーバーのトランスの具合が悪いんで、予備のトランスに換えようと思ったら、「予備は使うな、予備を使ったら、予備がなくなるぞ」というような笑話のようなことも起きてきたようです。

また、砂漠の真ん中で「ここは何という地名か？」って聞かれて、そんな砂漠に地名も番地もあるわけないですよ。それで、どうして地名がいるんですと聞くと、「日記に書くんだ」とか、「今日は何キロメートル歩いて、どこまで行ったら泊まるんだ？」って、そんなのはとにかく、ごつごつした所じゃ寝られないから、柔らかい砂の所まで、ある程度、五〇キロメートル行くのか三〇キロメートル行くのか、

タクラマカン砂漠を行く一森秀夫氏一行

様子を見て、判断するわけですが、そういう、状況に応じた対応が規則で生きてきた人間は、できなくなってきているんですね。

ところが、ちょっと意外なようですがそういうことは断然、女性のほうが、男性よりも向いているようで、最初は不慣れでも、どんどん適応してくるそうです。面白いのは、砂漠にはトイレも何もないですからこの旅の時には、進行方向に向かって、右が男、左が女とかって決めておくと、男は最低でも五〇歩は行くけど、女性は一〇歩も歩けば、そこでお尻をまくっているというぐらい、どんどん強くなってくるということです。最初は何も知らないから、テントの張り方でも何でもいろいろ教えなきゃなんないけども、やがて言わなくてもきちんと用意もあとかたづけもできるようになってくるそうです。

その点男はただもう……文句しか言わなくなるという人が非常に多くなるそうです。そうした激烈な環境の中でも、一森さんは「まあ、温泉旅行よりは少しはきついかな」という感じで、現地のウイグル人に、いろんなことを教えて貰ったり教えたりしてその旅を楽しんでいたということです。

一森さんはとにかく器用で何でも直しちゃうんです。トラックだろうが、プラスチックの洗面器の割れたのまで、ちゃんとそういうものを直す道具を持っていって直してくる。ですから一森さんのテントの前には、列ができちゃうそうですよ、

「あいつの所まで行きゃ、何でも直るぞ」っていう評判がたって。それで傑作なのは、あんまりいろいろな荷物を持ちすぎて最後に、現地人でもしている砂よけのゴーグルを、持って行こうとしたけれど、これだけはどうにも入らないから、手に持って行こうと思って、家に忘れてきたそうです。それで最初はさすがに一森さんも参ったらしいのですけれど、二、三日して、「ああ、ラクダと同じだ。絶えず涙を流し続けてればいいことが分かった」ってね。凄い適応力なんですよ。

現地人とも、言葉はろくに通じなくても、いろいろ交流する。そうすると皆が「スーラン」という、現地語で「色男」というあだ名を付けて、はやしたてたそうです。なぜかというと、一緒に行った女性なんかも、最初は軽くみていたのが、日を追うごとに本能で、「この人についていれば安心だ」と思うから、もうぞろぞろついてくるからのようです。

それに、あと、現地の女性がやっぱりなぜか本能的に分かるんですね。一森さんが頼りになるということが。もっとも他の男はもう、ノイローゼか何かで、不平と不満で不機嫌な顔をしている人ばかりになっていたからかもしれませんが。

ですから一森さんの周りには、もう女性が十重二十重という感じでね。また一森さんは器用で料理も得意ですからそういう女性達のリクエストを受けて、日本風の味付けのものをサッサと手軽に作って、皆にふるまったりしたそうです。

四十八、人間の偉さとは何だろうか

そうやっていくうちに、一森さんは「人間の偉さって何なんだろう」って、思ったらしいですね、社会的には、それこそ中学もろくに出てないような自分がなんでもないのに、社会的には地位や肩書もある人が日を重ねるごとに、何か訳の分からんことを言って、どんどんつぶれていって、皆、不平しか言わなくなる。なかには婚約していたカップルもいたそうですが、女性の方がそのツアーであまりにも情けない男の姿を見て、もう見限っちゃって、婚約を解消したということもあったようです。

ですから、仕事でも何でもそういう極限状態に近い所に身をおかせてみると、その人間の真価が分かっていいんじゃないかということも言えますね。「家を買う時は台風の日に見に行け」というたとえの通り、そういう悪い状況の時に、人間の本性が出るでしょうから。

そういう時、現代の普通の社会では、「いい加減な奴だ」とか言われている人間が結構平然としていられて、みごとに適応していったりすることもあるようです。

まあ、一森さんはその時、一緒に行った女性達から「兄貴、兄貴」と言われて、いまでも皆に慕われているらしいですね。そうした女性達のなかには、この、砂漠の体験をキッカケにその後辺境の地に入ってゆくようになった人が何人かいるようです。

女性というのは、この例をみてもあきらかですが男ほど環境によって影響を受けないようですね。その点男は管理社会のなかに生きていると、すぐ野性の牙を抜かれたような人間になってしまいがちなようです。ですから男の場合はより一層鍛錬を必要としているのかもしれません。

一森さんなんかはその生いたちは、もちろん順境といわれる状況じゃ、全然なかったんでしょうけど、とにかく子供の頃からいろいろな物を作るのが好きで、英語の授業の最中に自分で作った拳銃を、もうあんまり馬鹿馬鹿しくてつまんなくなって、天井に一発ぶっ放しちゃったとかね。校庭にダイナマイト投げて、穴開けたとか、そういうような凄いイタズラをしていたらしいんです。

この一森さんがすごく好きな記録映画があるというので、この前その話を聞いたのですが、それは鉄砲が入る前のエスキモーの生活を綿密に撮った記録だそうです。

本当に小さなカヤックに、一家五人連れて、荷物も犬も連れて移動していくようなね。それから当時は鉄砲がないから、アザラシを捕るのも、アザラシの穴の側で、銛《もり》を持って構えていて、出てきた瞬間を、正確に言えば出てきたんじゃ遅くて、出てこようとした瞬間、銛を打ち込むわけです。一つ間違えば、ガーッと氷穴に引き込まれていってしまいますから命懸けでやっているわけですね。

その話を聞いた時に、私はやっぱり人間というのは、そうやって命懸けでやっていく中で育っていく純粋な逞《たくま》しさが本当はとても大事なことだなと思いました。本来生き物である動物を食べるのなら、それを捕らえる時、命懸けで捕るということが、その動物を尊重することになるし生命の重みも感じられるんじゃないかと思います。現代社会では、ほとんどの人がそうした体験を持つことは不可能ですが、せめて他の面で命懸けになる場を持つことは大切なように思います。

四十九、困難にぶつかって行く力の源泉

では、何に対して命懸けになれるかというと、まず、病気の問題ですよね。予防注射やら何やらで、安全安全としてしまった中で、今は生きることへのひ

たむきさが去勢《きょせい》されているように思います。人間というのは、そういう一つの症状を体験して、たとえば子供であれば、麻疹《はしか》なり水疱瘡《みずぼうそう》なり、耳下腺炎《じかせんえん》なりにちゃんとかかってそれを乗り越えて育つ。

これは現代医学が認めるか認めないかは別ですが、麻疹を経験すれば呼吸器が丈夫になる。耳下腺炎をちゃんと経過すれば、生殖器が丈夫になると言われていて、それを抜けた子の逞しさ、つまり耳下腺炎をちゃんとやれば、すごく男らしくなる、女なら女らしくなるということが人間の身体を深く観察してきた人によって言われているのです。

いまの子供達は「道路で遊んだら危ない」「川へ行ったら危ないですよ」「何々が危ない」って、そういう風に拘束されていてそれで、「いまの若者はひ弱だ」なんて言われたんじゃたまらないと思います。全く、それはずいぶん無茶な論法だと思うんですよ。

ですからとにかくちょっと事故が起こったらすぐワーワー文句を言うのも問題だと思います。やっぱり人というのは、「得るものがあれば、失うものがある」という鉄則から逃れられませんから、とにかく安全安全といえば、それと引きかえに去勢されたような状態になってしまうというのはしょうがないですよね。

私は、勉強などを、「苦役化しているのは良くない」と言いましたが、人間というのは放っといたって、さまざまな困難と戦うわけですから、その困難としっかり向き合うために、子供の頃の旺盛な意欲を苦役化した勉強でつぶしてはならないと思っているのです。

ところがいまは、本来楽しくなければならないものが、変な苦役になってしまっていることが多いですね。

でもこうした困難な状況が多いにもかかわらず、私が出会った現代の若者のなかには、それは私が恵まれているところかもしれないのですが、「たいしたもんだな」と思えるような者が、何人もいますから、すごくその辺は、ありがたいと思いますよ。

五十、「いまどきの若者は」と言う前に考えるべきこと

「いまどきの若者は」というのは、それこそ五千年前の文字を解読したらやはり同じようなことが書いてあったとか、江戸時代の知性的な人の文にも似たようなことが書いてあったりしますし、また、私が読んだ、『体力増進論』という明治時代に刊行された本に、江戸の旗本の生き残りが書いてるんですよ、「全

く明治生まれの奴はひ弱でいかん」と。これには、笑ってしまいました。いまでは、よく「明治生まれの気骨」なんて言いますからね。

その旗本の生き残りは、「われわれが若い時分は、寒中、綿入れを着るようなことはなかった」なんて調子でね、「寒中は、剣術や槍の稽古をしたあと、戸を開け放して本を読むと実に痛快である」というようなことを書いているんです。また、当時盛んになってきたらしいウェート・トレーニングについて、「世の中が進んで行くと、実にどうもいろいろな変った物ができるもので鉄亜鈴《てつあれい》とかいうておしゃぶりの大きな様なものを鉄で作ったのを、仁王様の調練の様に振廻して身体を右へ曲げたり左へ曲げたり、若い者がして居るのを見て何の真似か知らんと思ったならば、サンダウとやらいふ人の発明した身体を練る法であるさうな面白くも可笑しくもない、あんなことが能くできたものだ」という傑作な批判があるのです。

まあ、どの時代でも「いまどきの」と言いますが、じゃ昔はって見てみれば、たとえば白井亨《しらいとおる》などという人は、幕末近くに生まれた、天真白井流《てんしんしらいりゅう》の開祖として非常に有名な剣の名人ですけど、この人はどうもマザコンの気があったようです。

たとえば、岡山藩で召し抱えたいといった時に、母親が、定府《じょうふ》という、江戸にいられるのでなければ駄目だと言って反対したので結局、自分は本当はそこに仕官したかったらしいのですが、やめるわけですよ。

これは「いまどきの若いやつのなかには『転勤だ』と言うと『お母さんが駄目だって言いました』なんて言う馬鹿がいる」という話と、同じことなんですよ。いつの時代でも似たような話はあるものです。また、昔は「師匠の言うことは、とにかく何でも聞け」と言われて、皆忠実に守った者が立派になったようにいわれていますが、そんなこともありません。この白井亭にしても師匠の言うことに従っていたら病気になって、考えなおし、師匠の言うことと違うことをやって、それで目を開くわけですけれど、「でもやっぱり師匠に遠慮して、そのことは言えなかった」とか自分が書いた本のなかでめんめんと言っているわけですよね。「師匠はああいう体質だからできたんで、あのやり方は決して本質的なことではない」と批判していますす。

まあ、ちょっと、置き換えて考えてみれば、昔もいまも変わらないようなことは、いくらもあるわけです。もちろん時代時代の背景によっていろいろな違う点もあると思いますけれど。

たしかに全般的にみれば現代人は、体力が落ちているし、そのほか気力なども落ちてきているかもしれないと思います。まあ、それは環境がこうである以上、仕方のないことかもしれませんが。

五十一、切実さが変化を呼ぶ

ただ、それでも、あきらめないでこれからの時代を拓いてゆくためには、やっぱり根本的に考え方をあらためる必要があると思います。

今は表面的には平和で、それだけにすべてが何か腰の引けた官僚的思考にもとづいて現状維持を優先させ、何事も変えたくないというか、変わろうとしないというか、その辺に問題が、すごくあるように思います。

たとえば武道界だって、いろいろな問題があるのですが、では、そうした問題を検討し直そうとしているか、というと実際はほとんど何もしていないわけです。まあそこまで切実さがないことも事実でしょうが。

切実さがあれば大きく変わることはたしかです。たとえば明治維新の時もそういうところがあったでしょう。また、日露戦争の時というのは、「このままでは必ず負ける。大変だ」というんで、あれは山本権兵衛《やまもとごんのひょうえ》が海軍の人事の大刷新をして、とにかくただ歳が上だというだけで階級が上にいるような者の、クビを大量に切って入れ換えたわけでしょ。これができたのは「それをやらなかったら、日本が亡びる」という、実に切実な思いがあったからですよ。

でも日露戦争の時はできたのが、太平洋戦争の頃になったら、もう驕り高ぶって切実さがなくなり、派閥やら、いろいろできちゃって、結局、ほとんど何もできず自ら崩壊してしまったわけですよね。

まあ山本権兵衛が活躍できたのもそのバックに、西郷従道《さいごうつぐみち》という太っ腹な上司がいたから、できたんでしょうけどね。

ですからトップがちゃんと、それだけの度胸と肚があるかどうかは大きいですね。その点、民主主義というのは、そういう大英断がやりにくい、という問題点がありますよね。「これをやろう」と思っても、「横暴だ」とか「専制だ」とかって言われて、結局、つぶされてしまうということが多々あるし、世の中すべて「得るものがあれば失うものがある」という構造になっていますからしかたがないでしょうが。ただ、今の時代は時代でいいこともちろんあるわけですから、それぞれの時代の枠のなかでよりよい対応の方法を見つけてゆくことが大切だと思います。

五十二、昔の日本人は歩き方すら現代人とちがった

人間の動きのなかでも最も基本的な動きである歩行に関して、昔の日本人は現代人のような歩き方では全くなかったということをここでお話したいと思います。

その昔の日本人の歩き方は、俗にナンバといいますが、このナンバという名前自体、いろいろ説があるみたいですけれど、要するに現代のように、左足が出る時に、右手が出るような、身体を捻じって歩く歩き方じゃなくて、左足が出る時は、左手が出るような歩き方です。

もっとも、江戸時代は基本的に手を振って歩かなかったですから、「振るとすれば左右同側の手と足が一緒に出る」ということですね。当時は武士やら、町人やら身分によって、慣習的に手の置き場所が決まっていて、町人なんかは前掛けの下に手を突っ込んでとめるとか、武士は右手に扇子を持って、左手はピッと左の袖口を持ってるとか、あるいは腰の刀の所にあてるとか、していましたから基本的に手は振らなかったんです。

振るとすれば、要するに右足・右手、左足・左手ということになり、そういう動きのことをナンバの動きと言います。

だからヤクザが「大手《おおで》を振って歩いた」とかいいますが、その時の「大手」が、それです。いまの時代劇なんかでは例外なく、ヤクザの大手はいま風の、左足の時に右手が出てますけど、あれは大間違いで、左足の時は左手ですね。

そういう――何て言うんですかね――あまりにも日常生活、日常レベルのことというのは、時代が過ぎると、一番忘れ去られるんですね。つまりその当時は、あまりにも当たり前のことで、わざわざ書き残さないですから。

ですからたとえばいま一般の人にたずねてみれば、昔の日本人がいまのように手を振って歩かなかったということなど知らないでしょう。

五十三、江戸時代まで一般庶民は走れなかった

その上、昔の一般庶民は走れなかったなんて言えば、「そんな馬鹿な」というふうに、皆、思うでしょうからね。

昔の一般庶民が走れなかったということは要するに、やってみれば分かることなのですけれど、右足・右手とこう一緒に出せば、すごく走りにくいですよね。いまは身体を捻じって、左足が前に出る時は、逆側の右手が前に出る形となって、走りが連続になるんですが、ナンバではその点とてもやりづらいですからね。

そこで面白いのは、「そんな不合理な」という言葉が出るわけですね。「そんな不

安政の大地震を伝える瓦版。踊るように腕を
上げて逃げまどう庶民の姿が描かれている

（所蔵：東京都江戸東京博物館）

合理な歩き方をやっていたのか。それに比べればたしかにいまの西洋風な身体の使い方の方が合理的だな」と。ところがそこにまた落とし穴があって、合理的だということは、あるレベルまでは有効な合理性であって、一見不合理と思われる動きのなかには、時に、質的に転換すると、飛躍的な展開があるのです。

それはたとえば、科学の発達の歴史のなかにもあります。ある説が出た当時はそれが一番合理的な説明だったものがやがてそれを超える説に、必ずとって代わられるわけですね。そして、そのなかには一度、不合理とみなされた昔の説を、全然違う所から検討し直して、その当時に合理的だと思われていたものを、乗り越えたというものもあると思います。

ナンバもそれと同じで、普通からいえば、とても走れないような身体の使い方なわけです。それでじっさい走れない庶民は急いで逃げなければならない戦争や火事の時どうしたかというと、阿波踊りみたいな恰好をして、両手をやみくもに上げてあたふたと、泳ぐような恰好で逃げるわけです。

ですから昔の地震や火事、戦乱の時に庶民が逃げ散っている絵が、いまでも遺っていますけれど、皆、手が上がっているわけですね。盆踊りしているような恰好になってる。当時走れなかった庶民は皆そういう風にして逃げるしか方法がなかったからですよ、西洋風の走り方が、明治維新後、西洋から入ってくるまでは。

五十四、古の走りのプロ、早足、早道の凄さ

ですから一般庶民以外の走れた人間というのは、特殊技術の習得者です。そして、その走りというのは、現今のような西洋式の走り方ではなくて、ナンバの動きを質的に変えて走ったんですね。

なかでも、飛脚《ひきゃく》、忍び、あるいは山のなかにいる、特殊なそういう山岳民族みたいな人間のなかには長距離を、凄まじい速さで走った者がいたようです。

たとえば宮本武蔵も早道《はやみち》――こうした走りの技術を得た者を早道とか早足《はやあし》とかって言ったのですけれど――には一日に四〇里とか五〇里行く者がいると『五輪書《ごりんしょ》』のなかに書きのこしています。

四〇里というと、一五〇キロメートルぐらいですね。また北辰一刀流《ほくしんいっとうりゅう》の開祖、千葉周作《ちばしゅうさく》も、自分の門人の柏原《かしわばら》という早足の人物の話を著作のなかに書いています。千葉周作という人物は、いわゆる神秘的な話というのは、全く信じない人で、「名高きものも、名ほど行かざること多し、軽んずべきにはあらねど又恐るべきにもあらず、只人口のみを信ずるも偽多く、行きて見ざれば証據とするに足らず

……」というようなことを書いたりしていた人物であっただけに余計、信憑性があるのですが、驚くべきことにその柏原という門人は、高崎から大坂（現・大阪）まで行き、そこから六〇〇キロメートル以上ある距離を三日で帰ってきたということです。すると**一日二〇〇キロメートルは走っている**ことになりますよね。一日二〇〇キロメートル走って行って、もちろん翌日もまた二〇〇キロメートルそして、その翌日も二〇〇キロメートル走るわけですから、その人にとっては、全く無理のない距離なんですね、一日にそのぐらい走ることは。

そして、さらにそれより凄い記録があります。それは、昔、仙台藩にいた、姓のほうが分からないんですけど何とか源兵衛《げんべえ》という、早道の達人がいて江戸を明け六ツに出て、その日のうちに仙台まで、**三百何十キロメートルを走り通して着いた**ということです。しかも特に急ぎの時は暮れ六ツには到着していたといいますから、**時速三〇キロメートルくらいで走った**のでしょうね。

その源兵衛と同時代に雲州《うんしゅう》（出雲）松平《まつだいら》藩で佐藤七兵衛《さとうしちべえ》というやはり早道の達者な者がいたそうですが、その七兵衛がある茶店で休んでいたら、風の如く走ってくる者がいる。茶店の者に聞くと、それが有名な源兵衛だというので、かねて名前を聞いていたから、大声で呼び返し、「ひとつ、一緒に走っていただきたい」と頼んで一緒に走ったそうです。

ところが四〇里、一五〇キロメートルぐらい走ったら、雲州藩のほうの七兵衛は、もう一歩も進めないぐらい、疲労困憊《ひろうこんぱい》してしまったそうです。そうしたらその源兵衛が、「お手前はゆるゆる休まれよ、お手前のお陰で、とんだ道草を食った」と言って、またビューッと走っていったという話です。

マラソンが時速二〇キロメートルあるかなしかぐらいでしょうから凄いですよね。

まあそれほどではありませんが幕末に来た外国人も、とにかく日本人の、足の達者なのには驚いていますよ。馬に乗るので馬と馬丁を雇ったら、とにかく馬と一緒に八〇キロメートルぐらい走って、それで自分と馬が休んでいる時、馬の世話をしているという、「驚くべきだ」ということが書いてあります。

それで弁当を見たって、その頃、米があるかないか、雑穀に漬物と、何かそんなもんでしょう。

ですからここにも、いわゆる科学信仰の落とし穴というか、いまでこそ昔ほどは言わなくなりましたが、われわれが子供の頃は、肉を食べなきゃ、生きていけないくらい、動物性蛋白質は必要だというような話が信じられていました。

そんなふうに大真面目に言われるほんの何十年か前まではそんな食習慣はほとんどなくて、それでも外国人を驚かすような体力を所持した人間がごろごろいたという、事実があったにもかかわらず、何かそういう理論を聞かされると、それを信じてしまうというもろいところが特に日本人にはあるようです。

まあそれでも最近は、そこら辺が少しずつは変わってきて、見直しの時代に入ってきたんじゃないかとは思いますけれどね。

なにしろ私も一度お手紙をいただいたことのある八尾《やお》市の甲田光雄《こうだみつお》先生のところでは断食や、完全生野菜食を実行しているうちに、〝仙人《せんにん》〟と呼ばれている、一日青汁コップ二杯、カロリーにしたら一〇〇キロカロリー以下で、元気に暮らしている人もいるということですから、人間の可能性、不思議さというのはまだまだ奥があると思います。

五十五、野生動物の動きにも匹敵できた人々

動きを質的に変えることができるというのが、たぶん人間が他の動物と非常に違うところだと思います。つまり基本的には他の動物よりもはるかに体力的に劣る筈なのに、それが訓練の仕方によっては野生動物にも匹敵できるほどの動きが可能になるのですから。たとえば前に述べた松林左馬助が開いた願立の五代目に

上遠野伊豆広秀《かとうのいずひろひで》という人がいました。

この人は太い針を髪の毛に左右四本ずつ、八本隠して刺しておいて、この針を手裏剣《しゅりけん》として打つのが非常に巧かったので有名な武術家です。で、この人のもう一つの得意技というのが、狩りに行った時に猪がいると、それを見つけて飛び乗ることだったそうです。

猪というのは肩骨が広くて尻の方がすぼまっていますから、猪の背中に飛び乗って、しっぽをしっかり握って身体を貼り付かせていると、どんな藪《やぶ》をくぐっても絶対に障害物にぶつからず大丈夫なのだそうです。それで、その猪にずっと乗りつづけて、猪が弱ってきたら脇差《わきざし》を抜いて、尻からグッと刺して仕留めたという話です。

まあ凄い技ですね。猪というのは、猪武者などといって融通がきかないように思われていますが、実際は、急旋回とかもお手のもので、すごく自由に動けるわけです。ですから、背中に貼り付かれたら滅茶苦茶凄まじい勢いで動くでしょう。野生の猪ですからね。それでも落ちずに乗っていられるというのも凄いですが、乗る時が大変ですよね。まあ、自分に向かってくる時、ちょっと躊躇する時があってその時パッと背中に飛び乗るらしいんですけど。

このように、野生動物に匹敵するというか、ある面、野生動物を超えている動きというのは、やはり動きの質が完全に違っているからでしょう。

それはさきほど述べました松林左馬助が、投げ上げた柳の枝を十三に切るとか、飛んでいる蠅を自在に切り落とすなんていうことも並の人間の動きを遥かに超えているでしょう。これは身体のハイテクですよね。つまり普通の動きと全く違うように、神経系統というか、動きの系列を組み直しているんでしょうね。そこがやっぱり人間の面白いところだと思います。そういう例を考えると、ますますこれこそが人間にとっての、自然な本来あるべき身体の使い方だと規定することは不可能だと思います。人間にはもともとそういうものがなかったからこそ、いろんなことができたのでしょうから。

精妙な動きは、本能に刷り込まれていないからできたということなんですけれど、これはたとえばアザラシでも同じなんですね。このことは私が他の本にも書いた話ですけれど、アザラシが――アザラシだけではなく、アシカやオットセイもそうでしょうけども――あれほど水中を巧みに泳ぐものが、浅い動物園のプールで人間の飼育係に育てられた場合、大きくなってから深いプールに入れても泳げず溺れそうになるそうです。要するにアザラシの泳ぎは本能にしっかりとインプットされたものではない、ということなのです。

これに対して、イヌ、ネコといった動物は泳ぐ技術が、本能としてしっかりとインプットしてあるのです。

つまり一回も水に入れずに育てて、成長してからいきなり池か何かに放り込んでも泳ぐわけですよ、犬搔きや何かで。ところがアザラシを子供の頃から浅いプールで育てて、大きくなってからいきなり深いプールに入れたら溺れるんですよね。

面白いでしょう。で、その話を昔何かで読んだ時は、「へぇーそうなのか」と思っていただけだったのですが、数年前に、いや、人間は全部の機能がアザラシと同じなんだなと思ったのです。つまり人間にはアザラシのように泳ぎだけではなく生活技術の本能がほとんどないのだということに気付いたんですね。

アザラシの場合は、**巧みな泳ぎ方そのものが文化**なのですよね。先祖からめんめんと後天的な技術として伝わってきた。動物というのは本能で何でも知っているかというと、ずい分後天的なものもたくさんあるようですね。たとえば動物行動学のコンラート・ローレンツ博士の研究では、カナリアに育てられたウソというのはカナリアの鳴き声になったといいますからね。そうみてゆくと動物というのもかなりの部分に後天的学習があるようですが、人間はより一層顕著なわけです。

で、人間の場合、これはどこまで本当だったか分かりませんけれど、オオカミに育てられた人間の子が、手足四本で獣のように走って、立てなかったといいますよね。たしかに、周りがみんな這っていたら、二本足の人間でも二本足では立とうとしないかもしれませんものね。
子供は、大人が立っているから自分も立とうとするわけでしょうから。

ですから、たとえば名人、達人の凄い動きというのをもし生まれた時から日常的に子供に見せていたら——誰もがというわけじゃないのかもしれないけれど——その子はあっさりできるようになる可能性があると思いますね。それが当たり前なんですから。

ですから昔はわりと理論は知らなくても相当使える人間がいたのでしょう。宗家《そうけ》の子は必ずしも使えたとは限らないといっても、ある面かなり続いていた例はたくさんあるわけです。それはやっぱり子供の頃からそういう動きを見ていればね、最初に入る情報がそういう動きであれば、自然とかなりできたんじゃないかと思うんですよ。

五十六、予測外のものは、あっても見えない

オリジナルといっても必ず何か参考になるものはありますから、蒸気機関車だって車輪をまわすというアイディアは最初からあったわけではなかったので

す。当時の乗物のモデルは馬車ですから、はじめは線路の横を鉄の足のようなもので蹴って進むようなものを考えて作ったようです。自転車だってその最初の段階では、地面を蹴りながらいくわけですよね。チェーンで車輪を動かすという発想に至るまでずいぶんかかっています。とにかく自転車は人間が疲れさえしなければ、半永久的に地面から足を離して乗り続けていられる、ということに気づくのに人類は何十年もかかっているんですね。つまり、最初の刷り込みとか思い込みとかっているのは容易に抜けないということです。体力抜群のアマゾンか何かの原住民に日本人が木の枝で鉄棒の逆上がりをして見せたら、えらく驚かれたという話がありますけれど、予備知識が全くないと単純なことでも人間はひどく驚くようです。

それからこれもやはり面白い話だなと思ったのですが、人間って、あまりにも自分の中の予測外のものはあっても見えないんですよ。幕末に黒船が浦賀に来た時に、かなり東京湾——当時の江戸湾——の奥に入ってくるまで、当然多くの人が見ていた筈なのに騒がなかったんです。つまり普段自分が見なれているものとあまりにも違うものだと、目に入っても見えないんですよね。ですからコロンブスがアメリカ大陸発見の時、最初、西インド諸島に行った時も、原住民が「お前達、どこから来た、どこから来た？」って騒いだらしいんです。あの船に乗って来たって言っても、最初は見えなかったようですね。人間って結構常識に縛られていて、あまりにも異常なものっていうのは見えないんですね。

このことからも分かりますが、人間というのは、物語を自分で作って自分で見ているんですよ。

だからそういう常識に縛られているというか、予測でいろんな行動をしているから、まあ、ある面で能率がいいんですけれどね。それに食事だって、真っ暗な所で食べたってうまくないでしょう。実際に口に入る前に目で見て予測しているんですよ、味を。

予測といえば武術的な話にもどりますが、たとえば「飛び下りる」ということひとつとってみてもいかに予測が働いているかが分かります。たった一メートルくらいの高さだって真っ暗だったら怖いですよ。ましてこれ、一メートルか二メートルかどっちだか分からないなんていったらとてもいやな感じです。だいたい、飛び下りは、足のクッションを使って衝撃を和らげていますから、予測がつかないととても困るのです。同じことは野球のピッチャーとバッターとの関係についても言えます。投げる時から見えれば大丈夫ですが、たとえばピッチャーがなんか煙幕《えんまく》みたいなものに包まれていて、煙幕からいつ球が出てくるか分からない状態だったら、それはすごく打ちにくいでしょう。

人間の動きというのは常に予測があって、その予測に沿って動きます。ですから、予測が外れた時はモロいのです。まあ、その予測を外すというところが武術の重要な術理のひとつですが。

五十七、日本の着物は身体を捻じらない伝統的な体捌きを前提にできている

私はいつも着物ですけど、着物というのはそもそも日本的な、身体を捻じらない使い方が前提の衣服なのです。たとえば歌舞伎なんかで振り向くシーンなんていうのはヒョイと身体を捻じらないで、グウーッと向き変わってきますよね。着物というのは、もともと捻じらない身体の使い方のためのものです。ですから若い女の子が成人式なんかで初めて着物を着る時、着付けを工夫しないとすぐ着崩れるんですね。現代女性はもうほとんど完全に西洋風に捻じって戻し、捻じって戻して歩いていますから。すぐ弛《ゆる》んできちゃうわけです。

ですから、着物を着慣れている女性は、洋服になればまた普通の捻じる動きになるかもしれませんが、着物になるとやっぱり、着崩れないように、捻じらないような身体の使い方になってくるわけです。和服のファッション・ショーではモデルで手を振っている人はまずいません。まあ、私も着物を着てみてそのことが、具体的

な実感を持って感じられました。ですから、日本の伝統的な体捌《たいさば》きが、捻じって身体を使わないものだったということはたしかです。

五十八、余談、私が洋服を着ない理由

こう言うと私がいつも着物を着ているのは、そういう伝統的な動きを身につけるためだと思われるかもしれませんが、まあたしかにそれもありますが、私が着物を着ている一番の大きな理由は、もっと人が「エッ」と言うような理由なんです。

誰にでも苦手なものはあるでしょうが、私は子供の頃から、普通よく洋服についているあるものが、ものすごく嫌だったのです。

そのあるものというのはボで始まる三字のもので芍薬《しやくやく》に似た花をつける木と同じ発音のものですが、それをこの場で文字として書くのも嫌なぐらい嫌いなのです。

もう聞くのも嫌だというくらい。どういう風に嫌かというと、……食事をしていて鼻とか顎とかに食べこぼしがくっついたりすると、とても落ちつかないでしょう。ちょうどそういうような感じがするんですね。

ですから、なんであんなみっともないものを人々は、平気で服につけておくんだろうか、という感じがするんですね。とにかくこの件に関しては、どんなに私が親しく好意を持っている人に対しても、そのセンスは信じられないという感じですね。本当に生理的に全くダメなんです。ですから私がいまの職業を選んだ、極めて大きな潜在的な理由はこの辺にあるのかもしれません。別にラフな恰好であれ何であれ、そういうことを一切問わず嫌いなんですから。ですから私が学生の頃とかは、もう被りのTシャツとかセーターとか、そういうものしか着なかったですね……。

この話に関連して、ちょっと思い出したのですが、人というのは変なものが嫌いだったりするんですよ。私の大親友の精神科医である、名越さんはエビが大嫌いでね。大阪の「エビ道楽」の大きなエビの看板の下はくぐれないそうです。

あともう一人、やはり私が大変親しくさせていただいているというか尊敬している野口裕之先生も、リンゴが大嫌いでね。目の前に置かれると背中がこわばってくるそうなんです。

でも昔の本に書いてあるんですよ。勇者といえどもね、多くの人がなんでもないものが嫌いだということがあり、そしてそれは決してその人の勇気とかそういうものとは関係ないから、子供に対しても、そういうもの嫌いに対して強く叱ったりしてはならないと。これはほとんど知られていない話ですが、あの虎退治で有名な加《か》藤清正《とうきよまさ》というのは、実はクモが大嫌い。晩年、清正が厠《かわや》つまり、トイレで、大声で家臣を呼ぶので、家臣達が何事かと馳けつけてみると「清正、一生の手柄ぞ」って言ってね、小さなクモを手で握りつぶしたのを見せたそうです。

また、その本にはつづけて、昔、薩摩《さつま》藩にも一人カズノコが大嫌いな家老がいたことが書かれています。それで、殿様が「カズノコなどという人の食うものが嫌いだと、そんな馬鹿なことがあるか」と言って、正月になって、いろいろなものを家臣に下げ渡す時に、その家老にはカズノコを与えたそうです。すると殿様からのものですから受け取らないわけにいかないでしょう。前へ出て押し戴いて次の間へ退る間にみるみる手が腫れてカズノコを落とし、同時に倒れて死んでしまったそうです。

嫌いなものは理屈じゃないですからね。まあ私に対しても、「なんで着物に袴なんてそんなわざとらしい時代錯誤的な恰好しているんですか」、なんていろいろ言う人がいるんですよ。いまの時代にそんな、着物着て下駄履いてるなんて、よっぽど自己顕示欲が強いのかとか思われたりするようです。けれど、まあ、そういうことを思いたい人とか、言いたい人っていますから仕方がないでしょう。でもそういう発言でその人の器量もある程度はかれますね。たしかに私は着物は基本的に好き

着物に身を包みくつろぐ著者。常にこの服装で過ごす。

ですけれど、着物を着ている最大の理由はいま言いましたように洋服についている〝アレ〟が大嫌いだということです。

ですから私も、以前に背広を着たことは、人の結婚式などの折などに着物を着るようになる前に二度か三度はあったような気がしますが、もうなんかそれを着ている間じゅうどこかでウーンと息止めて我慢しているような感じがあるんですよ。ですから滅茶苦茶落ちつかないし居心地が悪かったですね。

それでも、まあ、現代に生まれて長年洋服着た人達に囲まれていますから、かなり気にしないで済むようにはなってはきましたが、それでも目の前にいる人がYシャツのままよりネクタイをしてくれているというのはすごく助かりますよ、別に礼装という意味じゃなくて苦手なものが見えないですから。

五十九、ものに凝る日本人の精神的傾向と刀

昔の武術家に信じ難いほどの神技の持ち主がいたに違いないということは、それを支えていた基盤があったということです。それは日本人のなかには非常にものに凝る傾向があったということでしょう。たとえば武術にとって一番象徴的

な刀なんかは、それはきわめて細かく分けて数えた場合でしょうけれども、一七〇種類くらいの職人が関わっていた、と言われています。

それはもう、その刀の原料の砂鉄を取るところから、その鉄を作るための炭を焼く人から、そういうのを全部入れてだと思うんですけれど。それで、できあがって鞘《さや》なんかに漆《うるし》を塗る、そのための漆採取をやる人とか、そういう人達を全部いれれば、たしかにおびただしい職人の数になるだろうな、とは思いますね。またたとえばその漆塗りにしても、加賀藩は六〇〇〇種類くらいの鞘の塗り方のサンプル、見本を持っていたといいますからね。

漆もその漆を塗る場所にもよるでしょうけれども……細かい筆の場合は、ネズミの背骨に沿って縦に生えている〝走り毛〟というのを使ったそうです。それで一番いいのは木造の川船に住んでいるネズミの毛で、毛の先の水毛《みずけ》という半透明の部分がすり減っていないものがいい。次は土蔵《どぞう》づくりの米倉に住んで玄米を食べているのがいい、とかね。いまではとうてい叶わないことですが、昔はもう、滅茶苦茶そういうことに凝ったわけですよ。

そして刀そのものに関しては、一般的にもある程度は知られているでしょうけれど、その鑑定、鑑賞に関する凝りようは凄いですからね。まず、刀には刃文《はもん》がありますよね、よく絵などでは波のように書いてありますけれど、あれは焼き入れした

刃文の例

直刃（肥前国　忠吉　江戸初期）

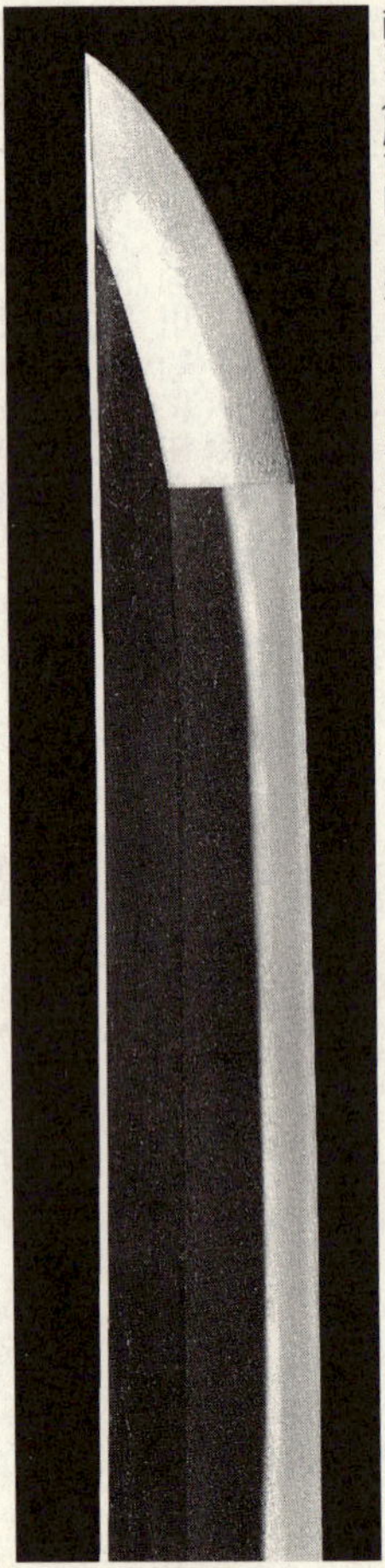

互の目乱刃（備前国　祐定　室町後期）

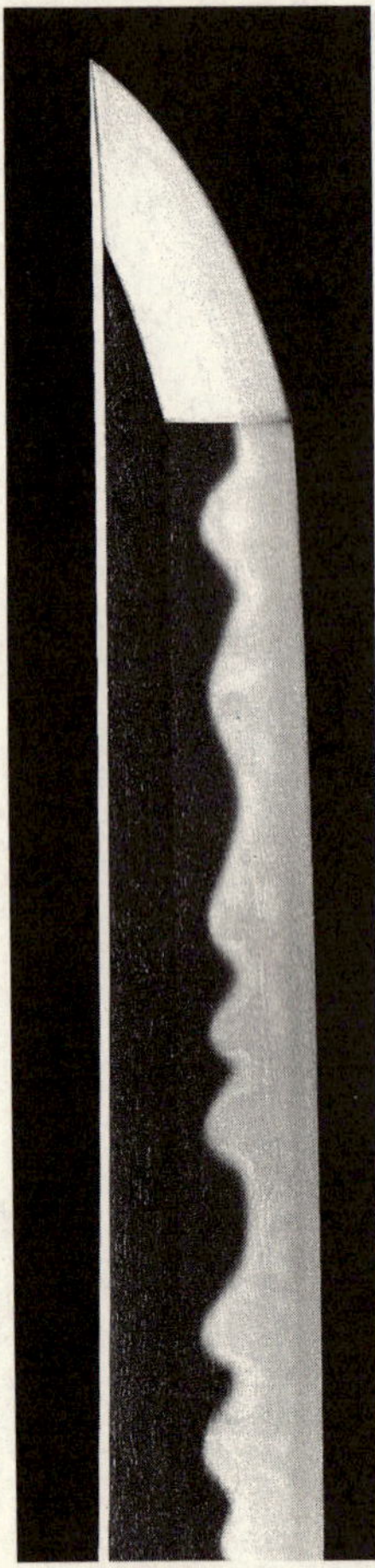

湾刃（摂津国　助隆　江戸中期）

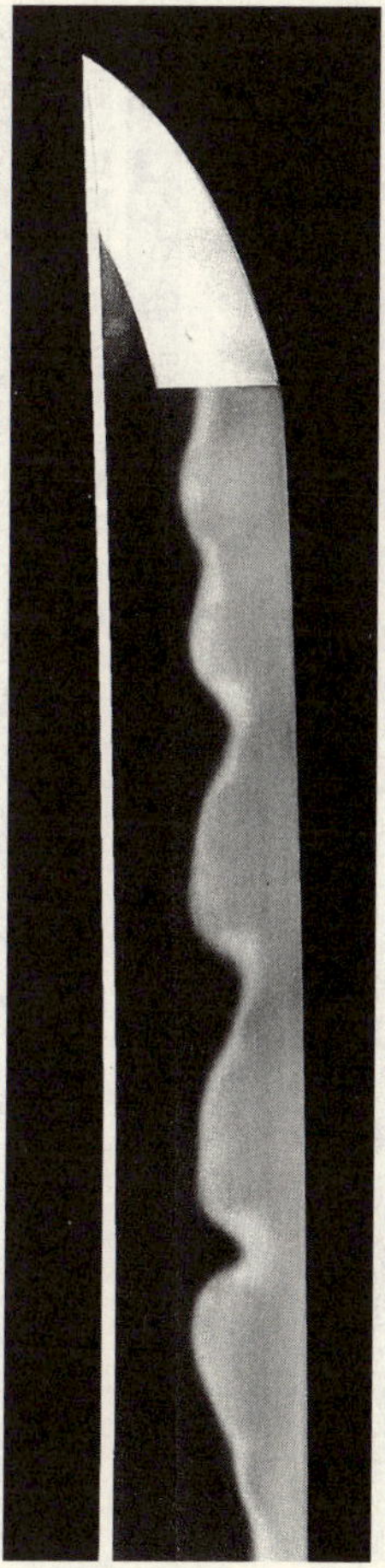

丁字乱刃（現代刀工　善昭　山口県）

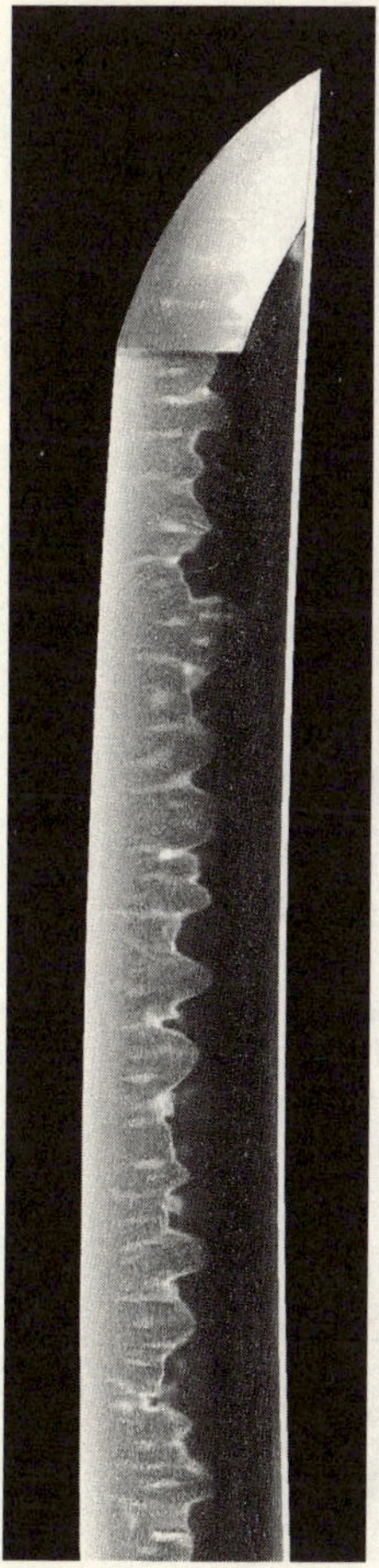

（写真提供：銀座長州屋）

鍛接面の例

板目肌（備前国　長光　鎌倉中期）

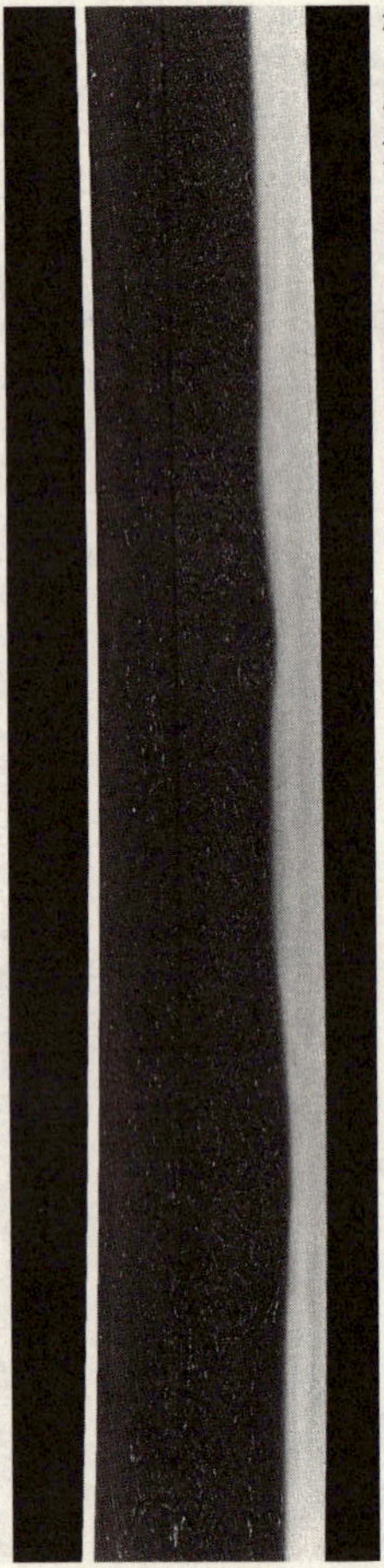

柾目肌（陸奥国　国包　江戸前期）

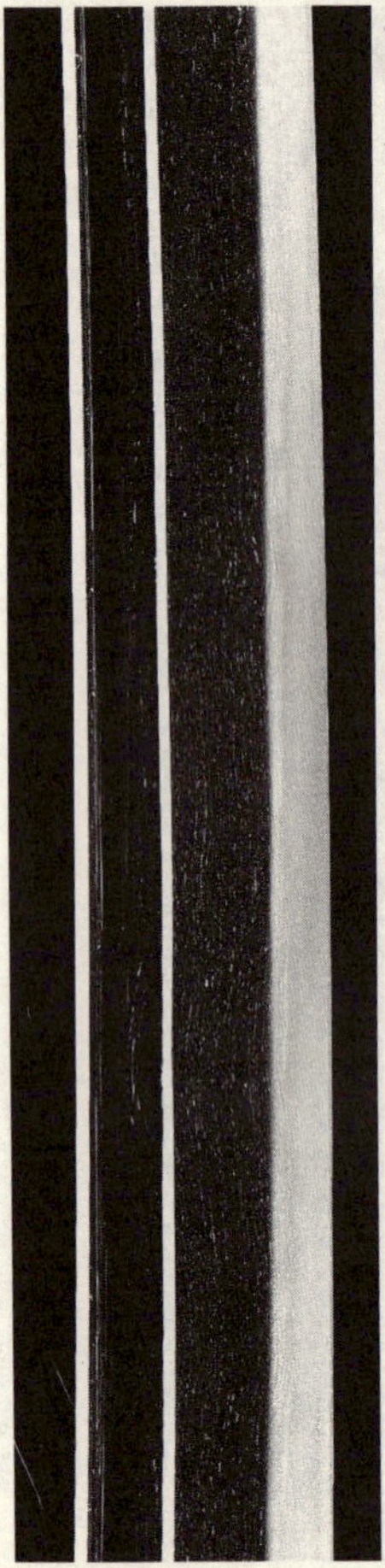

綾杉肌（摂津国　月山貞一　幕末〜明治）

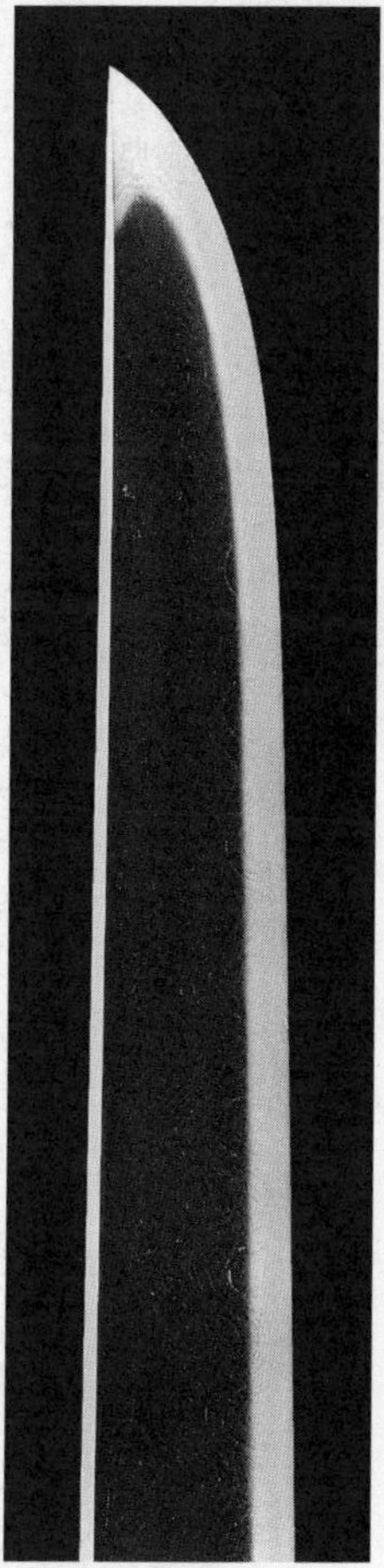

（写真提供：銀座長州屋）

時に赤く焼いた刀の鋼が急冷された時にできるマルテンサイト組織という一種の鉄と炭素で構成される結晶みたいなものと、トルースタイト組織というそれほど硬くないが粘りのあるものとの混合物でできているわけです。その粒が粗いのを「沸《にえ》」といって、細かいのを「匂《におい》」といったんですけれども。

備前伝《びぜんでん》という岡山の方の刀は一般に、いわゆる「匂《にお》でき」というわりに細かい、マルテンサイトの結晶でできていて比較的柔らかい。これに対して正宗《まさむね》なんかに代表される相州伝《そうしゅうでん》なんていうのは「沸《にえ》でき」が多いですよね。で、その刃文がいわゆる一番典型的な波のようになっているのは「湾《のたれ》」といって、もっと細かく入ったり出たりしているのを「互《ぐ》の目」。で、真っ直ぐになっているのは「直刃《すぐは》」と呼んでいます。もっと華やかになっているのは「丁字《ちょうじ》」といって、それがさらに派手で、花びらを重ねたような状態というのが、「重花丁字《じゅうかちょうじ》」という。そういう風にいろんな名前があるんです。

刀というのは赤く熱した鋼を折り返して鍛接してゆく折り返し鍛練によって造りますけど、これは鉄のなかの不純物を叩き出すことと、折り返すことでベニヤ板のような丈夫さを出すことが目的なのですが、その折り返しのやり方によって、たとえば同方向に折り返してゆくことでその鍛接面が真っ直ぐ、木のちょうど柾目《まさめ》みたいなのを「柾目」といい、別方向に折り返すことで木の板目《いため》みたいになるのを「板目」と呼んでいます。その他、地層がうねっているようなのは「綾杉肌《あやすぎはだ》」とか。あと「松皮肌《まつかわはだ》」といって、重ね目が、要するにパイの生地みたいな形ではっきり出てくるものがあります。で、そうしたものによって、いろいろな刀の機能たとえば丈夫さだとか切れ味に関係あるとかないとか、言われているわけです。また刀のなかに地景《ちけい》とか、映《うつり》とか、地沸《ぢにえ》とか、金筋《きんすじ》とか、砂流《すながし》とか。一本の刀のなかにある鉄の状況に本当に数多くの名前があるのです。

六十、刀装と鮫皮

いま刀に興味のある人はあっても、刀装《とうそう》という、刀の拵《こしら》えに興味のある人は減っていますね。たとえば昔は大変な関心の的だったのにいまはほとんど興味も持たれないしそのことについて知られていないのは柄に巻く鮫皮《さめがわ》ですね。柄は普通この鮫皮で巻いた上を柄糸《つかいと》(平打《ひらうち》の紐《ひも》ですが、柄糸と呼んでいます)で菱《ひし》に巻くので鮫皮はだいたい菱形になって見えます。よく刀を描いた絵なんかにも見かけます。まあ鮫、鮫皮とよく言いますが、実際はエイの皮なんです。あの平べったいエイです。あれは鮫と似た種類の魚でそれでまあエイの皮を鮫皮と言うのです。

この鮫皮は刀の柄に巻く関係上、武家社会ではどうしても必要だったんですけれど、本当にいい鮫皮というのは日本では獲れなかったのです。ですからこれはあまり知られていない話ですけど、日本が完全に本式の鎖国ができなかった大きな理由の一つは、この鮫とか、やはり刀装に必要な水牛の角とか、そういう日本で獲れないものを、輸入しなければならなかったからです。鮫皮は武士の単なるおしゃれを超えた、礼装上の最もポイントとなるものなんです。刀そのものというのはふだんは鞘に納まっていますから、見せて歩くわけにはいきません。そうなると、刀を差して外出した時一番目立つというのは、差した時の鮫皮なんですよ。

ですからたとえばいまでも博物館にあるような有名な刀というのは、刀の中子《なかご》という、あの柄に入っている部分に目釘穴《めくぎあな》という柄と刀身をつなぐ穴がいっぱい開いたのがあるのです、四つも五つも。なんであんなに穴がいっぱい開いているのかというと、要するに当時はいい鮫皮のついた柄が手に入ると、その柄に開いている目釘穴に合わせて、刀の方に目釘穴を開けちゃうんですよ、逆に。こんなことは、実際に刀を差して歩くことがなくなり、刀身の方をはるかに大事にしている現代では考えられないことですが、それほど、実際に佩刀《はいとう》として刀を使っていた時代、それも刀を実際に使うことが稀な平和な時代に鮫は重要視されていたのです。

鮫も、当時一番よかったのはチャンペというういまのベトナムあたりのもの。それからタアニイと呼ばれた、タイのあたりのもの、そしてカスタとかサントメとか。どう見たって日本名じゃないでしょう。サントメはインドのセントポーリアがなまったとか言われていますから、そういう異国風な名前になるのです。そうした産地によって、また、ちょっとした鮫皮の粒の配列や色ツヤでずいぶんいろいろ値段が違ったようです。

天明五年（一七八五）に稲葉通龍《いなばつうりゅう》という人が『鮫皮精義《こうかんせいぎ》』という鮫皮の専門書を出しているんですけれど、まあ、それによれば当時武士達が鮫皮にいかに凝っていたかが分かります。

鮫皮の一番のポイントは親粒《おやつぶ》という柄に貼った場合、柄頭近くに据える大きな粒の姿形と、その周辺の配列ですね。たとえば九曜紋《くようもん》みたいな、九曜とか、五ツ牙《いつつきば》とか、七ツ牙とか脇走《わきばしり》とか。その微妙なバランスを愛でていろいろな名前がついているんですよ。で、当然やっぱり、どんな世界もそうですけれど、そういうものが貴重品となると贋物《にせもの》作りが出てきて、どうするかというと、その親粒のない、二番鮫《にばんざめ》という、安いところに、鹿の角とか牛の骨を削って、親粒と、その周辺の粒を模造して入れるのです。これ、細かい作業ですよね。それを、巧みに作って膠《にかわ》で貼り付けるわけです。なかでも出雲の万七《まんしち》という者が贋鮫《にせざめ》作りの名人だったそうです。

まあ千両鮫という言葉があるくらいですから、鮫皮もいいものになると数百両もしたようですね。ですから、大名から大名へ、または、豪商から大名への最高級の贈り物だったようです。それは、素晴らしく飾りたててね。まあちょっといい鮫というと並の刀より高いのが常識だったらしいんですね。ですから贋の鮫皮も作る張合があったのでしょう。

こんなふうでしたから、その鮫皮を柄に貼るのも磨いて切って大変な手間をかけたのです。

そしてそのうえに柄糸を巻くわけです。この柄糸の巻き方も、いろいろな巻き方があるんです。諸捻《もろひねり》、諸撮《もろつまみ》、片撮《かたつまみ》とかね。私は自分で諸捻で巻いていますが、その時菱紙という石州《せきしゅう》紙《し》をよく揉んで巻き三角形に切った微妙な厚さのものを入れるのですが、この作り方もけっこう難しいのです。いまはそうした伝統工芸の末端の技術がどんどん消えていっていますから残念ですね。江戸が明治に変わった時もずいぶんそうした技術が滅んだでしょうが、それでも日本の面白いところは明治になって西洋から新しい素材が入ってくると、それを使いこなしていままでの伝統のなかに生かすことですね。たとえば大工道具などを作る道具鍛治では千代鶴是秀《ちよづるこれひで》とか、石堂《いしどう》とか、そういう、名人達が、伝説的なエピソードをのこしています。

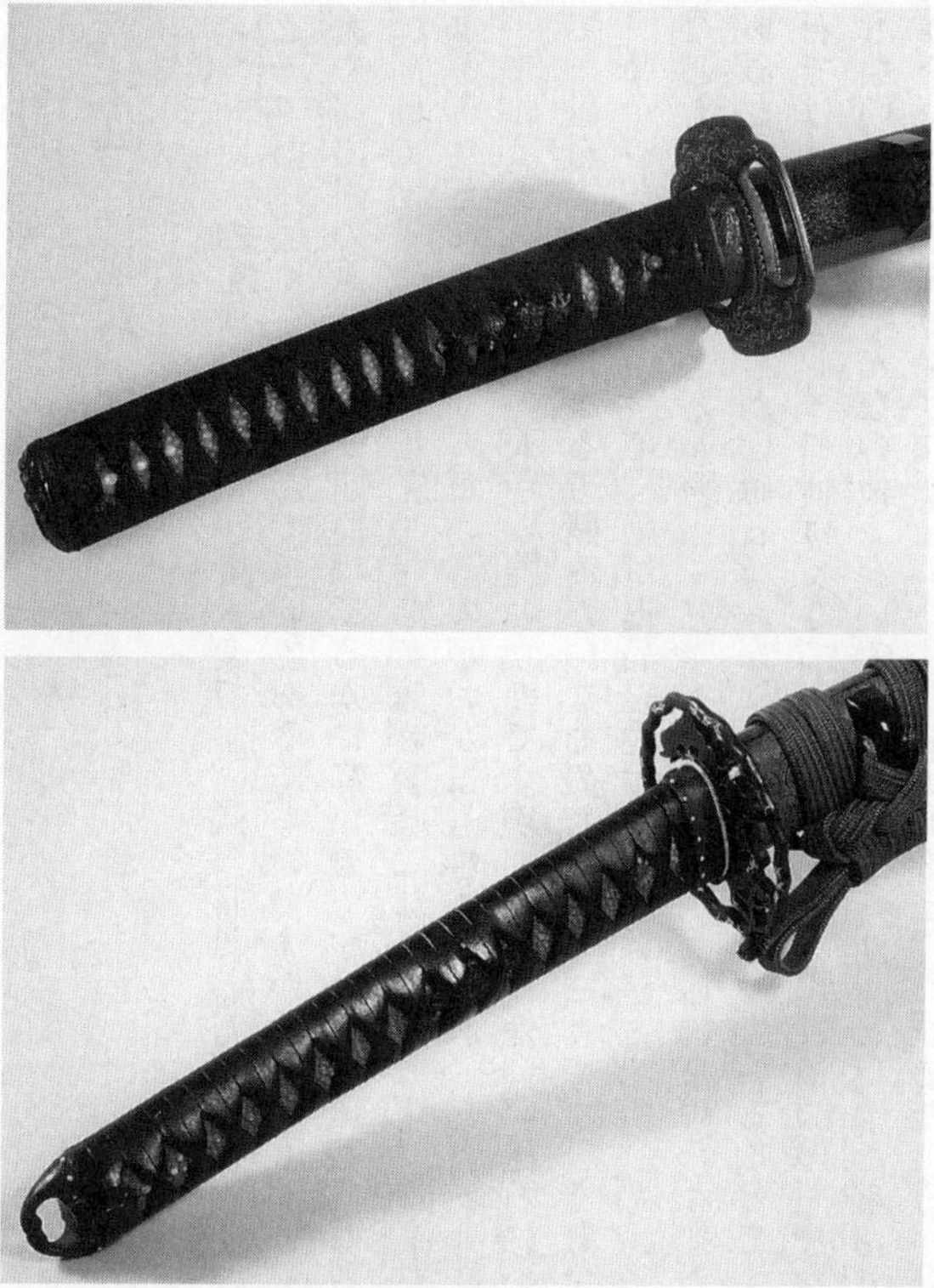

鮫皮の巻かれた刀の柄

(写真提供:銀座長州屋)

六十一、砥石《といし》のこと

また、刀を研ぐ砥石だって大変です。江戸時代の刀の本に、すでにいい砥石は掘り尽くした、なんて書いてあるくらいですからね。もっとも刀剣用よりも鉋《かんな》や切出《きりだし》用の砥石の方が値段ははるかに高いのです。いい砥石になると宝石のように高価です。砥石一丁で土地付きの家が買えるような凄まじい値段のものもありますから。それでも買う人がいるのがいかにも日本ですね。

これはまあ、研師の人から聞いたのですが、なかなかいい砥石にめぐり合わなくて、砥石を買うのはまるで賭みたいなものだということです。それは砥石屋が、石が悪かったからといって、絶対返品を受け付けないからです。悪かったというのはたとえばどういうことかというと、よくおりない（研げない）とかあるいは針気《はりけ》があるといって、柔らかい砥石なんかに硬い層が混じっていることです。こういう砥石ではせっかくキレイに研げてきているのにいっぺんに傷ついちゃってどうしようもないんです。そんなの使えないですからね。ちょっとだったら切り出して削り取りながらやるんですけれども、一旦針気が出ると、いつまた出るか分からないからビクビクものでしょう。ですからもう、本当に天然砥石を買うというのは賭みたいなものなわけです。

六十二、プロの水利き人の凄さ

また、焼き入れなんていうのは、たとえば水の問題もいろいろあるでしょうしね。刀はそれほどでもないようですが、刃物鍛冶の人なんかは、もうすごく気をつかって焼き入れ用の水は何十年も換えない。換える時はたとえば江戸鍛冶の左久作《ひだりひさく》という人などは、私も会いに伺ったことがありますが減った分だけを寒に降った雪を足すということでした。ですから東京に降らない時は信州から雪を取り寄せて。それでも足した時は何度も何度も鉄を赤く焼いて入れて水をならすそうです。

水に関連して言えば、私のことをある雑誌に書いてくださったライターの人が、私の記事を書く少し前に取材して記事にした東京都の水道局に前田學《まえだまなぶ》さんという「水利き」の凄い人の話をしてくれたのですが、この人が、どう凄いかというと、以前地下鉄の工事で湧きだしてきた水が化学分析でもこれは地下水なのか水道の漏水なのか分からないのに、その人が嗅いだら一発で、これは朝霞《あさか》浄水場の水だということが分かったそうです。ところが、その辺は朝霞浄水場系ではないので、おかしいなと思ってよく調べたら、他の地域に行く朝霞からの水道の本管が三〇メートル離れた所に埋まっていることが分かり、それで掘ってみたらその管が割れていて、そこから水が漏れていたそうです。

その人なんて、水を嗅いでみて、この水は湿っぽい、なんて言うそうですから普通の人じゃお手上げですね。また緑色感、緑色の感じがするとかね。その人なりの言葉で表現されるのですが、それによってこれはどういう水かということが、驚くべき精度で分かるんですね。全く犬より凄いですね、水に関しては。

なにしろ、この前田さんの鼻は、一〇〇億分の一の濃度、つまり利根川にコップ一杯の排水を捨て、それを利根川の水全部で薄めたくらいのものまで分かるらしいんです。

もう六十すぎの方らしいですが、水に関わるまでは特別臭いに敏感ということはなかったらしいんです。凄い人が世の中にはいるものですね。ですが水というのは奥が深いようですね。私の親友で以前出張蕎麦打を仕事にしていらした加藤晴之さんだってそうですよね。カナディアンブルーという、あのカナダの大雪渓の雪解け水が蕎麦をこねる水としてはいろいろやったなかで一番よかったそうですから。

六十三、梅路見鸞無影心月流開祖に見る人間の感覚の深さ

こうした人間の感覚の精度という面に関連して思い出したのですが、弓道無影《むよう》心月流《しんげつりゅう》、無影と書いて「むよう」と読むんですけども、この流儀の開祖だった梅路見鸞《うめじけんらん》という人は、凄い人だったんですよ。この梅路老師はドイツ人哲学者オイゲン・ヘリゲル著『弓と禅』（原題は『弓道における禅』）のなかに出てくる弓の師範阿波研造《あわけんぞう》範士も心服していたほどの人物です。『弓と禅』という本は自分の修行の過程を発表した、禅と武道に関する本としては、現在もヨーロッパの中で一番か二番に有名な本になっていますけれど、そのなかでオイゲン・ヘリゲル氏が一番尊敬していた阿波研造という先生が「はるかに及ばない」と言ったのが梅路見鸞という人で、人間的にも凄い人だったのです。

その阿波範士は見鳳《けんぽう》、鳳を見るというような号だったんですけれど、これは見鸞という、梅路見鸞老師の号に因んだものですね。

梅路見鸞老師が、どれほど凄い感覚を持っていたかっていうと、ある冬の寒い日に、当時、道場がなかったので門人達は外で弓を引いていたのですけれど、門人の

一人がその時あんまり寒いから、ちょっと心月流の動作を一つ省略して引いたそうです。そうしたらそこから三間、五メートルほど離れた家の中でまだ雨戸も立て切り、その上障子も閉めて、寝ていた梅路老師に、「馬鹿！　何という様だ」と怒鳴られたそうです。つまり、その省略したことが瞬間に分かってしまったそうです。

また、その梅路老師の弓の腕前がどれほど凄まじかったかというと、二十七間といいますから、もう五十メートル弱ですよ。それだけ離れていて三寸というから、九センチの的があって、で、外ですから風があるかもしれない、この状況下でまあライフルなら当たるでしょうが、弓でとなると現在どれほど腕のいい人でも十本に一本も難しいでしょう。それに対して「誰か一手請け合わんか」とそこに居合わせた人達に声をかけられたそうです。一手というのは矢二本、請け合うというのは全部を賭けるということです。

もし二本のうち一本でも射外したら、つまり失敗したら責任を取るということです。それで、当然のことながら、誰からも声がない。「分かった。ではわしが請け合う」。それで門人の一人が、「老師、もし外されたら」と心配してたずねると、ひとこと、「明日から弓を捨てる」と宣言して、それで静かに弓を引かれて、一本目が的の真ん中にドン。そして二本目がそれに並んで一緒に震えるように刺さったそうです。「もう人間業ではない」と見ていた人が感嘆すると、「もちろん」と当然の如

梅路見鸞(無影心月流開祖)

くに返事をされたそうです。

この「もちろん」の答えはもうすでに自分という意識が抜けているんですね。つまり、日が暮れてやがて夜が来て、そして夜が明けるという、天地の運行と同じくらいに弓と一体化しているから、そういう自然の運行には間違いがないというくらいに当たり前なんですよ。ですから単に「俺には自信があるんだ」というレベルを超えているんですね。梅路老師は、そのくらいの一体感があったらしいです。

まさに弓身一如《きゆうしんいちによ》というか、弓と一つになっている。

この梅路老師は、文にも優れた人で、素晴らしい名文を遺されているのですが、その中で「およそ師に似たる弟子を持つ師匠というのは本当に人を指導できない、指導者の資格のない者だ」という厳しい発言があります。つまりそういう師匠は、門人の個性を洞察しえない人間であって、それは人の師たる資格のない単なるコピーを作っている者である、という非常に厳しいそしてセンスのいい意見があるのです。

ですから指導の仕方が一人一人みんな違うんですね。たとえば梅路老師自身が下手な弟子がやるのと同じような状態になってみたりしたようです。つまりそれによって、こいつはどこに問題があるのかな、と自分の身体に写して研究されていたのです。これは自分が透明だからこそいろんなものを写せるんですね。平気で変な矢飛びのまま弓を引いていられる。それで最後に「一手引こうか」と言って、パッと人が変わったように凄まじく、見事に弓を引かれたりしたようです。梅路見鸞老師は、明治から大正、昭和にかけて生きた方で、昭和二十六年に六十五歳で亡くなっていますが、まあ明治以後の武道関係の人物では私が最も尊敬している先哲です。

六十四、アメリカ人工芸家が驚嘆した日本の鉋の切れ味

また道具の話になりますが、やっぱり日本の鉋《かんな》のあそこまで木をスベスベにきれいに削る精度というのは、世界に類がないものです。なにしろ指紋が透けるくらいの鉋くずというのは十何ミクロンという厚さでしょう。それを研ぎと鉋の台の調整だけで出すわけです。あの台の調整がまた難しいんですね。私の知っているある方がアメリカに行って、鉋で木を削って見せたら、木工をやっていたお婆さんがその肌を触って涙を流したそうです。向こうはとにかくサンドペーパーですからね。どんなにサンドペーパーできれいに磨いても、本当に研ぎあげた、鉋で削るほどのなめらかさというのは出ないですからね。また実用的にも鉋できれいに削った方が、外の羽目板でも水切れがいいから腐りにくいようです。サンドペーパーっ

て表面が相当なめらかなようでも拡大してよく見れば、すごく毛羽立っていますから。ですから、水もしみ込みやすいのです。まあ、そういう職人の技術のなかには神技のような話がたくさんありますね。

たとえば昔は丁斧《ちような》という、鍬《くわ》のような鉋をよく使いました。江戸時代より前は日本は丁斧と槍鉋《やりがんな》の世界でしたから、丁斧というのは鍬みたいに打ちながらやっていくわけですよ。それで丁斧を使うある名人大工は二間（三・六メートル）くらいずーっとつながった蛇腹のような丁斧くずを出したそうです。

あと鑿《のみ》や玄翁《げんのう》を扱うのでも、昔は穴大工という、木組みのほぞ穴を専門的に開けていた職人がいたのですが、穴を開ける時もの凄い速さで打っていくそうです、しかも正確に。

それでその穴大工の使う玄翁は本当にわずかな重さでも手へのなじみが違うから、それを造るのも大変な技術とセンスを要求されたようです。そういう名人大工の職人の話のなかにも武術の技の参考になるものはすごくたくさんありますね。

六十五、パリ博覧会で注目された日本の鋸

鋸《のこぎり》の話も凄いですよ。

鋸というのは「矛盾」の話じゃありませんが、矛盾を成り立たせるような難しさがあるのです。つまり木を切るためにはよく引っ掛からなきゃいけないんですよ、食いつくためには。でもよく切れるということは軽く引けなきゃいけないんですよ。で、そうした矛盾した要件を最高レベルの釣り合いで満たしたその象徴的な鋸が、水に浮いた木が切れる、ということですね。

まあ鋸鍛冶が刃物のなかでも特に難しいといわれるのはそのためでしょう。

明治になって間もなく、パリで博覧会があった時に日本の大工が行って茶室を作って見せたらしいのです。その時にヨーロッパ中の工芸家が見に来て、何よりもみんなが驚いたのは、日本の大工の鋸の切れ味だったそうです。

ところで鋸は、向こうは押して切るでしょう。日本は引いて切りますよね。

これはちょっと余談ですが、幕末から明治の最初の頃に日本に来た外国人がある違いに着目したんです。つまり基本的に、日本人は鋸みたいにわりと力の大きく要るものは引いて使うんですよ。ところがマッチなんかは逆なんですよね。マッチは内から外へ擦るでしょう。外国では外から内へ擦るのが主流なわけですよ。ですから、大きい動作と小さい動作では、使い方が逆転しているんですよ。で、当時は地球の反対側にいるから動作が逆になるんじゃないか、とかいろんなことを言ったらしいですね。

だから、西洋の押して切る鋸というのはね、日本の達者な者が引いて使うほどは早くは切れないですからね。とにかくちょっとした木なら、本当に二、三回引いたかというくらいにスパッスパッと切れていきますからね。で、パリの博覧会の時、あるドイツの鋸会社の社長が何とかその鋸を貸してくれ、って言ってね、鋸を借りた。で、大工はくれぐれも使わないでくれ、という約束で貸したのです。そうしたら帰国する時にお礼といって、その鋸を模した、コピーを一〇丁くれたんです。で、その大工が「こんなものは切れやしないだろう」と思って、帰って弟子にみやげだと言って分けたらこれが意外に切れたそうです。その点さすがはドイツということでしょう。

　日本人がいかにものに凝ったかということで、これはよく私が講演の時などに言う話ですが、昔は弁当なんかを包んだ竹の皮も、竹のどの節から出た皮なのかということで名前があったのです。こんなことはいまはもうほんとに知られていないですね。ちなみにその名前は下から亀皮《かめかわ》、下皮《したかわ》、棒皮《ぼうかわ》、大極《たいきょく》、次天《じてん》、天稀《てんき》、別天《べってん》、白《はく》天《てん》、小天《しょうてん》といったようです。それで白天がだいたい一番いいとされていたようですね。

六十六、手裏剣術の話

あまり知られていない話のついでに、武術のなかで知られているようでその実体はほとんど知られていない、手裏剣術についてちょっとお話しておきましょう。

手裏剣というと、一昔前は、小柄《こづか》のような小刀を飛ばすものと誤解され、いまは漫画の影響などで星形の車剣《しやけん》という、回転しながら飛ぶものが手裏剣だと思われていますが、江戸時代に手裏剣といえば釘形、針形などと分類された、尖った棒状のものが最も一般的でした。

それで、この手裏剣の飛び方ですが、時代劇などの影響で、棒状の剣も、まるで弓で飛ばす矢のように、最初から剣先を目標に向けて飛んでいるように思われますが、小型の鉄棒状の剣を手から直接飛ばすことは、投げ槍や投げ矢のようにはいきません。

日本で最も多く用いられた〝直打法《ちよくだほう》〟という剣を回転させない打ち方にしても、手から離れた時は剣先を上に向けていますから、だいたい四分の一回転ぐらいはしているのです。ただ距離が半間（約一メートル弱）でも五間（約九メートル）でもそれ以上は回転させません。ですから距離によって剣の飛ばし方を変えないと目標に剣が達した時にちょうど剣先が的に向いていないのです。それをどういう風にやって調整するかというのが非常に難しいのです。

日本の手裏剣術のなかで最も研究が進んでいたといわれる根岸流《ねぎしりゅう》では剣の後部に猪や馬・熊などの毛を巻き込んで重心を前にもってゆく工夫をし、直打法としては例外的な七間、十三メートル以上の距離も届くようにしたのですが、直打法で六間以上となると非常に難しいですね。しかも一種類の剣で一間から六間まで間に合わせるというのは至難です。

そういえば、一五代将軍徳川慶喜《とくがわよしのぶ》は手裏剣の名手だったんです。静岡に隠棲してからも当地の鉄砲鍛冶国友《くにとも》に釘形の剣を鍛えさせ、これでよく稽古をしていたそうです。

さきほど小柄が手裏剣だと誤解されていると言いましたが、小柄でも、危急の際に、緊急の手裏剣として打ったことはあるようです。しかし、まず、普通は針形とか釘形というような棒状のものがいわゆる一般的な手裏剣です。手裏剣の起源についてはいろんな説があるんですけど……打根《うちね》という、ダーツみたいな、手で投げる矢があったんですね、打根術という、それから発達したという説と、あと右手差《めてざし》と

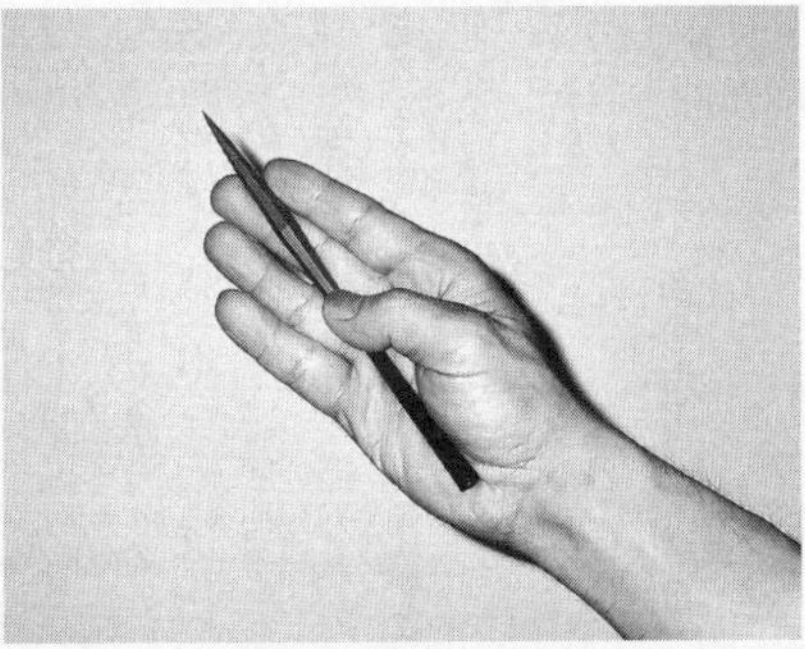

手裏剣とその持ち方

直打法による軌道

（写真撮影：中井幹雄）

いう、昔の戦の時に太い鎧通《よろいどおし》のような短刀を右腰の周囲に差しておいて、いざという時にそれを抜いて投げ打ったことから発達したという説もあるわけです。

この右手差打は、分類すれば短刀打ですが、これは宮本武蔵がよく使った手裏剣です。武蔵は——記録にもありますけど——ずい分この短刀打の手裏剣術を使ったようです。武蔵の養子の伊織《いおり》が建てた「小倉《こくら》の碑文《ひぶん》」にも「あるいは真剣を飛し、あるいは木戟《もくげき》（木刀）を投じ、逃ぐるもの、走るもの、さくる能わず」とあるくらいですから、非常に剣を飛ばすのがうまかったようです。で、二刀流といっても手裏剣術を使う場合は逆二刀《ぎゃくにとう》といって、右手に短刀を持ったようです。これは記録にもありますけど、相手が鎖鎌《くさりがま》とかそういうもので来た場合、この逆二刀で手裏剣術を使ったようです。

六十七、武者修行者には不可欠だった手裏剣の腕

あと、手裏剣術に関して面白い話を伝えているのは、先ほど話に出ました大東流の武田惣角翁ですね。合気道の植芝盛平開祖の師匠だった人です。この惣角翁が、昔の武者修行は、手裏剣術の下手な者は長続きしなかったと言い残してい

るのです。それはなぜかというと、いろいろなところで修行していて、金がなくなったりすると食糧を調達するのに、手裏剣術のうまい者は兎やら鳥を手裏剣で打ち止めて食糧にできるけれど、下手な者は何も獲れなくて飢えてしまうということです。

ですから昔、武者修行に出て途中脱落する者は決まって手裏剣術の下手な者だったそうです。とにかく手裏剣術がうまくて、獲物が手に入ればあとは塩さえ持っていれば何とかなる、ということだったようです。

そういえば薩摩の西郷隆盛《さいごうたかもり》も狩猟が好きで何日も山に入っている時、常に焼き塩を竹筒に入れて持っていたという習慣があったそうですが同じ理由でしょうね。塩さえ持っていれば、あとは獲物を捕っては焼いて塩をかけて食べることで飢えは凌《しの》げますから。

江戸時代は結構法令が厳しくて、旅をするのに銃なんて持って歩けないですからね。それに弓矢や槍とかっていうああいう目立つものも、普通は持って旅することは禁止されていたんです。そうするとまあ、手裏剣は目立ちませんから、これしかなかったのでしょう。ただ目立たないだけに幕府からはあんまり好まれなかった武術らしいんですね。ですから手裏剣術の稽古がおおっぴらにできたのは、親藩大名のところで、外様大名の藩ではおおっぴらにやることを遠慮したという説もあるくらいです。ですが、武芸十八般の一つとして、心がけのある武士は皆稽古したようです。しかし江戸時代はかなり細かいことまで取り締りがあったようで、たとえば帯刀尺寸の令というのがあって、江戸期には、寛文十年（一六七〇）に出て、その後度々出ているんですけれど、長い刀は二尺九寸以上は差してはいけない。脇差は一尺九寸。それ以上長い刀は差すな、という、そういういわば車幅規制のような、武士が差して歩く刀の長さを規制した法令があったのです。

六十八、武士が決して威張ってはいなかった江戸時代

ですから、江戸時代というのは、武士が威張っていたかというとそうでもなくて、その実像は、いろいろな話のなかに出てきますけども、町人が武士にそんなに遠慮は、していなかったみたいですね。

たとえば江戸時代に書かれた柔術の伝書にある話ですが、ある武士に二人連れの武士がからんで、ちょっと嫌がらせをしてやろうかなと思ったら、その武士が柔術の達人で、ふっと後ろを振り返った時に、その迫力にもう、からかおうと思った二人は足がすくむほどびっくりしてしまって、それで豆腐屋の店先で腰を抜かして、

尻餅をついたために、豆腐桶を壊して豆腐を駄目にしたそうです。そうしたら豆腐屋の親父が、「どうしてくれる」って怒ったものだから、もうその武士達は慌てて豆腐の桶代と、壊した豆腐を弁償してすごすご帰ったという話です。

とくに主持《しゅもち》の武士なんかはだんだん、大名が武士を抱えているのが大変になってきていますから、なんかちょっとでも口実があったらもう禄を召し上げられてしまうんです。ですからそういうことを町人の方でも知っている。質《たち》の悪い中間みたいなのが主持の武士をからかってたりしたらしいですね。それで刀を抜いたらただでは済まないことを知っていましたから、「抜いたらお前は浪人して路頭に迷うぞ」みたいな感じでからかうわけです。それでも武士は、じっと我慢していなければならなかったようですね。

まあ幕末になると世の中が物騒になってきて、ずい分違ってきたでしょうけども。江戸の中期から後期に移る間というのは、まあ平和なだけに、平成の現代と似たような話や事件があったようです。

六十九、文化文政期の武士の腰抜けぶりを伝える「松平外記刃傷事件」

この時代に「松平外記刃傷事件《まつだいらげきにんじょうじけん》」という、当時の武士の腰抜けぶりを伝えた話があるんです。松平外記という人は当時の武士としては、なかなかできた人間だったんですけれども、周囲が滅茶苦茶だらしなくなってきていて、もうとにかくろくに勤めもしなくて、まじめにやっている者をからかうような風潮がはびこっていたため、まじめな松平外記は、「何を一人いい子ぶっているのだ」という形でさんざんいじめられたんです。

で、とうとうある日、もうその堪忍も限界に達し、外記は自分を普段からさんざんいじめている朋輩を斬って捨てたのです。そうしたら、いままでいじめたり、からかっていた連中はもうびっくりして逃げ散ってしまって。たとえば刀も差さずそのまま自分の家まで逃げ帰ったり、納戸のふとんの下に隠れたり、縁の下に這い込んだり、と見苦しい限りで、とにかくその場に居た者は一人として取り押さえる者がなかった、ということです。

その時、当日の当番の組頭で番所に出ていた起倒流《きとうりゅう》柔術の師範鈴木伴治郎《すずきばんじろう》一人はその異変を察知して厳しくみんなに言い渡して、警護を固めさせました。武士らしく働いたのは、この人一人のみであったくらいですね。あとはもう滅茶苦茶腰抜けの状態だったんです。

この松平外記の事件というのは文政六年（一八二三）四月二十二日だったといいますから、江戸という時代が一番爛熟していた頃ですね。八代将軍吉宗の頃はまだ尚武の気風が盛んだったんでしょうが、十代、十一代くらいになって頽廃してくるのですね。まあこういうことは一つの歴史の波みたいなものかもしれません。いろいろリンクしていて、人心も時代時代の写し鏡でしょうから。

七十、現代的思考の持ち主として頭角を顕した千葉周作

そういう意味で面白いなと思うのは、やっぱり幕末になった時に北辰一刀流の千葉周作が出たということですよ。千葉周作というのは非常に――先にも述べましたけれども――いわゆる神秘的とか、不思議なことを信じないタイプの人です。千葉の北辰一刀流からは多くの剣客が育つのですけれど、千葉周作の書いたも

のを読むと、面白いことに、非常に現代的な感覚があるのです。

たとえば、現代でも、昔の名人同士の立ち合いというのはじっと見合って動かなかったなどといいますけれど、千葉周作はそういうのは技がないからで、いま（千葉の活躍した時代）の試合ではそんなことはない、というように驚くほど単純明快に断定しています。私は、この千葉の言うことをそのまま賛成はできませんけれど、千葉周作が出てきて、一種の近代合理主義の先走りみたいなものを持ち込んだことについては歴史の不思議な暗合を感じますね。

たとえばいまの剣道が竹刀の先をチョコチョコ震わせて、試合をしますが、あれは鶺鴒《せきれい》の尾といって千葉が盛んに使ったやり方ですね。ああいうふうにするとそれなりに居付きにくく動きが質的に転換していなくてもそこそこ使える状態になるわけです。そのために北辰一刀流は盛んになり、他の流儀で三年かかる技は一年で、五年かかる技は三年で、できるようになると言われたのですが、それとひきかえに剣術のレベルそのものを引き下げてしまったような気がするのです。つまり修行年数が少なくても、そこそこ間に合う人間を大量につくることによって江戸一と言われた道場をつくり上げたのですから、千葉周作という人は本当にいまいたならば、まさに一代にして大会社を築いたような人で、アイディアマンで鬼才というか、その人心収攬《じんしんしゅうらん》術はたいへんなものがあったと思います。

たとえば舌の刀と書いて「舌刀《ぜっとう》」というものを活用し、「他流試合の時、絶対に心《こころ》得《う》べきは舌刀である。これはまさに無用な恨みを買わぬため泰平の時代の試合には不可欠である」というようなことを説いています。つまり、勝つ時は目立つように はっきり打ちすえて勝たなければ相手がなかなか負けを認めませんからね。なにしろ当時は審判という者がいませんから（余談ですが審判というのも、どうやら千葉が相撲の行司にヒントを得てつくったらしいのです）。そして鮮やかに勝つと相手のプライドを傷つけ恨みを残しますから、勝ったあとおもむろにその人を褒めだすんですよ。相手がなかなか負けを認めなかった場合は「あなたほど根性のある人物は見たことがない」というふうに、しきりに褒めて、心根を解いて、自分に悪意を抱かせないようにするんですね。そういうことに実に巧みな人だったようです。

千葉周作の北辰一刀流が大流儀になったというのは、一つは千葉にそういう、非常にうまい人心収攬術があって、まあもちろん実力もたしかにあったんですけれど、自流を大きくしてゆくそのやり方はかなり狡猾《こうかつ》なところもあったのです。

たとえばそれは全国を武者修行してまわったことで有名な加藤田平八郎《かとうだへいはちろう》という剣客に対する対応ぶりにもあらわれています。その当時江戸では直心影流《じきしんかげりゅう》の男谷下総《おたにしもふさ》（精一郎）とかその男谷の一番弟子の島田虎之助《しまだとらのすけ》という剣客が有名ですけれど、その男谷は他流試合の希望者が来ると、相手と三本やって、一本は譲っても、二本は絶対取らせなかったといわれている剣客ですが、加藤田平八郎との対戦ではまあまあ、五分五分か六分四分くらいの勝率で、結構負けているんですよ。

その男谷の門弟で勝海舟《かつかいしゅう》の剣の師匠としても有名な島田虎之助と加藤田がやった時は断然島田虎之助を圧倒してしまうのですね。で、島田虎之助は悔しがって千葉周作の道場へ案内するのです。その時加藤田は、自分の門人二人を連れていくのですが、まず他流試合をやろうと言うと、相手は何と六尺の長竹刀を持ち出してくるんです。それで、すねを払って来るので加藤田の門人が負けてしまうのです。

この六尺の長竹刀というのは、有名な筑後《ちくご》柳川《やながわ》藩の大石進《おおいしすすむ》という剣客が長竹刀を持ってきて、江戸中の道場を恐慌に陥れた時から流行しだしたものです。その時――千葉周作という説が強いのですけれど――四斗樽の蓋を鍔にして、真剣だったらそんな長いのが使えるわけがないんだから、そんな馬鹿げた相手にはこっちも非常識な道具で相手をすると言って、楯みたいに大きな鍔のついた竹刀で相手をして無勝負に持ち込んだ、という話があるんです。まあ、それはどこまで信頼できる話か分からないですけれども、機転の利く千葉がいかにもやりそうなことでかなり信憑性があると思います。

そしてこのエピソードの主が千葉だとすれば、よけいに千葉周作というのは、狡猾という以上に頭のまわった人物だったと思います。なにしろ、相手側をそうやって「そんなのが役に立つのか」と物笑いにしておきながら、自分達が他流試合をしなければならない時にはしっかりそのやり方を取り入れているのですから。さて、加藤田の門人二人はたてつづけにこの長竹刀で足を打たれて負けるのですが、それでその加藤田が怒って、「そんなことをやっていいなら、よし、俺もやってやる。その代わり、そっちの足が折れても知らないぞ」と怒って覚悟を決めて言うのです。すると千葉方は、周作の弟の定吉が中心になっていろいろ相談して、合寸、つまり同じ長さの竹刀ですね。北辰一刀流が当時使っていたそれでやりましょう、と申し入れてくるのです。

そうしたらその加藤田が、「いや、自分は四尺の竹刀を持っているが、これは自分の差料に合わせて四尺としているんだ、私は習いにきているんじゃないんだ、他流試合に来ているんだから、別にそっちは好きな長さを持ってくればいい、こっちもこれでやる」と相手の提案を蹴るのです。そこでいろいろ話しあったようですが、結局やらなかったんですよ。これは千葉方が、このまま加藤田自身とやると、これはちょっと危ないと判断したのかもしれません。

そういう様子を見ても、やっぱり千葉周作のやり方というのは手に余る者が来ると適当に丸め込んで帰しちゃったりとか、そういうことを、かなりしていたらしいのです。このエピソードに信憑性があるのは、この話の出所である『加藤田平八郎東遊日記抄』にはその加藤田自身にとって都合のいい話ばかり書き残しているかというとそうではなくて、男谷や島田に勝ったかわりに、そのはるか下の門人で、一人、癖のある剣客と試合をした時その剣客にはもう全然敵わなくて「残念至極なれど致し方なし」と正直に書いているからです。

ですからかなりこの日記は信頼できると思います。実際千葉道場に行った折のその千葉方の様子も細に観察して書いていますからね。

七十一、千葉周作の狡猾さと度量

千葉がかなり狡猾な人間だったということは、千葉周作自身が書き残しているものを読んでも感じとれます。たとえば千葉はある時、当時江戸でかなり評判の西條某という剣術家をからかってやろう、という友達に誘われて一緒に出かけます。しかし相手も有名な千葉周作と知っては立ちあうまいから、じゃあこうしようというので、友達をその道場への入門者に仕立てて、自分はその友達、それも地方から出てきたばかりのまるっきり田舎者を装うのです。すると西條先生はすっかりその千葉の策にはまり、田舎者をちょっとからかってやろうと思って、「まあ、来なさい、教えてあげよう」と言うわけです。そこで千葉はとぼけて「こうですか、ああですか」って朴訥《ぼくとつ》そうに聞きながらやってみせるのですが、そのうち「じゃあ、まあ一つ打ってよろしい」ということになって、「こうですか」とちょっと素人っぽく打ってみせて、「おお、なかなか筋がいい」とか西條先生をうまくのせるのです。で、また千葉周作が凝っているんですよ。打ち合い稽古をする前に面籠手をつけろと言われると、田舎者まるだしを装って、わざと籠手を逆にはめてみせたり、胴を逆さにつけて「あれ、こうかな?」なんて言って。で、みんなが笑いながら教えてくれるんです。それで、こんな田舎者たいしたことあるまいと西條先生もますますみくびるわけです。

そして地稽古となって、千葉がポコンと打って、「ああ、そうそう」「あ、こうでござるか」、ボンボンと打って、「おお、そうそう」「あ、そうですか」、そう言っているうちに千葉はパンパンパンパン! ってもう滅茶苦茶打つんですよ。すると、これは大変だというんで、相手も必死になってくるのですが、もう実力が段違いですから、千葉はそれを全部受け流して、完膚なきまでに打つんです。

そうすると相手は顔色を変えて、「お手前けしからん」と。「さぞ名のある人に学んだのだろう。一体何という人に学んだどなたなのか」と聞くわけです。すると千葉はあくまでも「いえいえ、私は信州から出てきた者で、人を相手にするのは今日が初めてです」とそらとぼけて言うものですから相手はあきれて言葉を失います。すると「いやいや、もっと教えていただきたい」と言って、今度は嫌がる弟子を無理に引きずり出して、素手でそれを投げ倒すわ、締めつけるわでもう大暴れして帰ってくるんです。

それで後で、聞いたら、その道場の主に慢心の様子があったので、妖怪がやってきて打ちこらした、と噂されているので笑ってしまったと書いているのです。そしてこんなことなどは、本来為すべきことではないけれども、油断大敵ということを戒めるために書いておくんだ、と断っています。ですから相当人が悪かったわけですよ。

ただまあ、千葉周作という人物はユーモアもあり人間的に非常に面白いところがあったことはたしかです。たとえば、その詠んでいる狂歌に、傑作な歌があるんですよ。その歌は、

「春風や駕籠《かご》のすだれを吹き上げて、はなぞ散りこむ東路《あずまじ》の旅」

というもので、注釈を読まなければ、なんか、春で桜の花びらが風に舞って駕籠に入ってきたというごく普通の歌に思うでしょう。これがなぜ狂歌なのかと。ところがこれは、〝はな〟は〝はな〟でも〝はな〟違いで、今切の宿で、駕籠に乗ったら駕籠かきがしきりに手鼻をかんで散らすので、その鼻汁が風に乗って、駕籠の隙間

千葉周作

（所蔵：東條会館）

から顔に掛かって、非常に難渋したけれども、叱ることも不風流に思われて我慢したという、そういう歌なのです。そしてその情景をなんかどこか楽しんでいるのですね。

これを読んだ時、それまで私は千葉周作というと決していい印象は持っていなかったのですけれど、そうした思いが急にスッと軽くなって、やっぱり人として、こういう魅力があったから大流儀を作れたのだな、どんな時もどこかそういう状況を面白がれる、ひょうきんなところがあったことがこの人が成功したもとのひとつだな、と思ったのです。「無礼者ーッ」と言って怒ったりしないで、「まあ、仕方ないな」とか言いながら、その駕籠かきの鼻汁が顔にあたることを狂歌にしているところに、この人の人間としてのユーモアや器の大きさがあったのでしょう。

七十二、大流儀を築いた周作の研究心と向上心

ですからまあ、そういう所を見ても、武士はただ威張っていたばかりじゃないんですね（もちろんなかにはそういう者もいたでしょうが）。千葉周作という人物はやはり非常に研究心と向上心のあった人で、たとえば相撲も好きだったようで

すが、ただ好きというわけではなく克明に見て取り口も研究していたようです。ですから地方に行った時、その土地の相撲取に相撲まで指導しています。そうした研究心はさまざまな状況でも発揮されています。

たとえば竹内という海辺の門人の家にしばらく逗留していた時、夜になるとその下男達が魚を持って帰る。「どうして獲るのか」と尋ねたら、潮が引いた干潟に取り残された魚がいて、それを拾うという話で、それを聞いた千葉は、「それは面白そうだ」とその晩三人ほどで連れ立って松明《たいまつ》を持って魚拾いに出かけるわけです。するど逃げ後れた魚やいろいろな貝がいて、興に乗って、拾っているうち沖の方へつい出すぎてしまうのです。そのうちそぞろ寒さを感じてきて、魚も十分獲ったし、夜もふけたので帰ろうと案内役の者に言い帰途につくのですが、歩いていったら、どんどん海が深くなってきてしまった。で、これはいかん、と、あわてるのですが、なにしろまっ暗でどういったらいいか分からない。これで潮が満ちてきたら大変だ、というので松明をどんどん増やすんですけども、それは、周りは明るいけど、どちらが海岸かは全然見えなくて。一緒に行った者達は「海狐のせいではないか」と不安におののいてくるのです。

で、千葉周作は心を鎮めて考えていると、千鳥《ちどり》の鳴く声がする。その時、昔、「遠くなり近くなるみの浜千鳥啼く音に潮の満干をぞ知る」という古歌があったことを思い出し、千鳥の鳴く声がする、あれこそまさに干潟であろう、と。それまで違うと思っていた方向に意を決して歩いていってみると、やがてやっぱり岸に出られて、これぞ神仏の加護とみんなが喜んで辻堂の前に松明をうち重ねてたき火をつくり、衣服を乾かしたり、獲った魚や海老なんかを焼いて食べたりもして、そうして人心地ついてからうちへ帰ったそうです。

それで、家に帰ってそのてんまつを話すと、その家の海なれた老人が案内の者を叱って、「長年海辺に住みながら、何たる不心得だ、迷った時なぜすぐに松明を消さなかったのか。いかなる闇夜といえども、松明さえ消せば、陸と海ははっきり分かるものだ」と言うのです。言われてみればなるほどですよね、その話を横で聞いていて千葉周作は非常に感心するわけです、「なるほどそうか」と。自分は千鳥の声に気がついて助かったけれど、さらにいい方法があったのだ、と、こういうことに深く感じるところが千葉の非凡なところだと思います。

ですからまあ、武術家としての千葉周作に対する私の印象は決してよくはないのですが、一人の人間としては惹きつけられるものがありますね。

しかし千葉が主唱した面籠手竹刀による打合稽古で、すぐれた型稽古が消え、〝習うより慣れろ〟といった風潮が盛んになったのは残念ですね、かえすがえすも。千葉にしてもよく理を工夫するように言ってはいるのですが、打合稽古をとり入れると、どうしても場慣れ的傾向に流れやすいですから。

それに型稽古だけをやって上達してゆくというのは非常にセンスを要求されますからね。そのため今は剣道でもちょっと竹刀の振り方を教えたら、すぐ地稽古といってバンバン打ち合うし、柔道だって、その方が興味が出やすいからでしょうけれど、すぐ乱取をやらせますからね。

そういう動きが質的に変わっていないうちに、とにかく間に合わせよう、ということをするからけっきょく、現代の剣道や柔道の世界では昔の名人達人の世界がホラとしてしか感じられないようになってしまったのではないでしょうか。

私としてはそれがなによりも残念です。

むすび

以上、日頃、私が武術に関して考えていることを、感じていることを、そのまま述べさせていただいた。

最後の千葉周作のところは、いささかこだわりすぎたようにも思うが、これは現在の武道界の現状を考える上で、千葉の存在をぬきにしては考えられないほど、その影響が大きいためである。

明治以後の日本の近代合理主義のいわばさきがけとして幕末に出現した観のある千葉は、形骸化した面もあったであろう、当時の剣術界に新風を吹き込み、固着していた呪縛から多くの人々を解き放ったが、「得るものがあれば失うものがある」の言葉どおり当時も決して多くはなかったと思うが、それでもかなり遺っていたと思われる、良質な古伝の稽古体系をも蹂躙《じゅうりん》してしまったように思う。

そして、明治になってからは、廃仏毀釈《はいぶつきしゃく》に象徴されるように、一時期、人々は憑かれたように古きを捨てて、文明開化に酔いしれた。

当時、武術の伝統は、全く地におち、京都などでは、剣術の稽古をしているだけで反政府主義者の烙印を押されるほどであったというし、相撲なども、外国人に対して恥ずかしいという思いからか、「この文明開化の世の中に裸踊りはけしからん」と、これを禁止しようという動きがかなり高まったという。

それが、〝西南の役〟や台湾への出兵などを通して、軍隊の強化が叫ばれ出されると、その気運に乗って、武術は再び見直されるようになってきた。

しかし、明治に入ってから、あらためて見直されることになった武術は、その内容において、江戸期以前の武術とは全く異なったものに変質していった。

なぜならば、近代的な軍隊は、その性質上個性的な一人の武術の達人よりも、ある程度役に立つ、多くの兵士の方を欲したからである。逆に言えば、たとえ腕が立っても、個性的で集団に馴染まない達人は、邪魔ですらある。

そうした要求に、普通の才能の者でも短期間に、ほどほど使えるようになる、という北辰一刀流の教授法は、きわめて適合していたのだろう。明治以後の剣道は、千葉周作によって盛んになった、竹刀防具による打合稽古を主流としたものに、完全にはまっていった。そしてこれによって、日本の剣術が、新陰流開祖の上泉《かみいずみ》伊勢守《せのかみ》以来、ひとつの思想性を持ったものであった筈だが、それも崩れてきた。

なにしろ軍隊は、さきに述べたように、ある程度のことがほどほどできればいいのであり、しかも、思想的なことや判断は、上官にすべて預け、自分をロボット化した者ほど歓迎されるからである。

もっとも、北辰一刀流にしても草創期当時は、大勢を占めていた、型稽古中心の剣術界への異端として存在した筈であり、そのため、この流儀を世に広めるには、思想的にも、しっかりしたものを持ち、頭もよほど使った筈である。

しかし、いったん、これが主流となり権力を握ると、その段階からこの世界に参入して来た者は、もはや「そう決まっているから」ということで考えることをやめ、先人の敷いたレールの上をもはや、本質的な問いかけをすることもなくただ走ってしまう。

そうなると「理屈より身体だ」と言って、ただがむしゃらに稽古しても、それはそれで、それなりに強くもなるから、それでよしとしてしまい、そのことがついには〝体育会系〟という言葉が、現在では、多少の揶揄と侮蔑を込めた響きをもって語られることにつながってきてしまったのだろう。

もちろん、時代により、人により、価値観は絶えずゆらいでおり、〝体育会系〟という言葉には、一種の愛嬌もあって、それはそれでいいのかもしれず、私としても自分の好みや考え方を押しつけるつもりはない。

ただ、本書がひとつのキッカケとなってかつて数百年にわたって続いた武家社会が遺した日本の武の文化について、あらためて考えていただければ、と願うだけである。

そして、そのなかから、今という時代を生きる手がかりのひとつでも見つけていただければ、幸いである。

なお、本書では紙数の関係などから、詳しくは触れられなかったが、私の武術の具体的な術理や技法に関しては、『甦る古伝武術の術理』『武術で知る心身不離の世界』、そして、『武術で拓く身体の思想』（いずれも合気ニュース刊）の三冊に、その進展の経過と解説が述べてあるので、関心を持たれた方はこれらを御覧いただきたい。

また、日本の剣術に関する歴史や、思想に関心のある方は、『剣の精神誌――無住心剣術の系譜と思想――』が新曜社から刊行されているのでこちらを御覧いただきたい。

（二〇〇二年の段階では、『剣の思想』前田英樹氏との共著が青土社から刊行されている）

〈参考文献〉

『共生と循環の思想を求めて』(「生の充実・調和の感覚を求めて——『感応』と『内観』の整体思想」野口裕之講演を掲載) 日本放送協会 一九九二年

『風邪の効用』 野口晴哉著 全生社 一九六二年

『願立剣術物語』 服部孫四郎著 八戸市立図書館蔵 刊行年不明(元禄の頃)

『武田惣角と大東流合気柔術』 合気ニュース 一九九二年

『鹿島神流』 関文威著 杏林書院 一九七六年

『歴史読本』 昭和三十五年(一九六〇年)十一月号(国井道場訪問記及国井善弥著作掲載) 人物往来社

『武道日本』 森川哲郎著(「無敵の剣、鹿島神流」掲載) プレス東京 一九六四年

『剣術教書』 黒田泰治著 振武館黒田道場 一九六三年

『居合術精義』 黒田鉄山著 壮神社 一九九一年

『剣術精義』 黒田鉄山著 壮神社 一九九二年

『牌の音ストーリーズ』全三巻(パートⅠ～パートⅢ) みやわき心太郎著 竹書房 一九九一～一九九五年

『日本刀職人職談』 大野正著 光芸出版 一九七一年

『武禅』 無影心月流武禅道場機関誌 正法林編 無影道場 一九八七年復刻して合本

『千代鶴是秀』 白崎秀雄著 講談社 一九七八年

『日本の伝統工具』 土田一郎著 鹿島出版会 SD選書 一九八九年

『千葉周作遺稿』 千葉栄一郎編 一九四二年 復刻版 体育とスポーツ出版社 一九八二年

甲野善紀著書目録

・『表の体育・裏の体育』 壮神社　1986年

・『武術を語る』 壮神社　1987年

・『人との出会いが武術を拓く』 壮神社　1992年

・『剣の精神誌』 新曜社　1991年

・『甦る古伝武術の術理』 合気ニュース　1993年

・『武術で知る心身不離の世界』 合気ニュース　1994年

・『武術で拓く身体の思想』 合気ニュース　1995年

・『武術談義』 黒田鉄山共著　壮神社　1988年

・『身体の冒険』 養老孟司対談　ＵＰＵ　1992年

・『知と技のフィールド・ワーク』 市川浩対談集　思潮社　1990年

・『古武術の発見』 養老孟司共著　光文社　カッパサイエンス　1993年

・『新・井桁術理』 合気ニュース　1996年

・『縁《えにし》の森』 中島章夫共著　合気ニュース　1997年

・『スプリット』 カルメン・マキ　名越康文共著　新曜社　1998年

・『古武術からの発想』 ＰＨＰ研究所　1998年

・『自分の頭と身体《からだ》で考える』 養老孟司共著　ＰＨＰ研究所　1999年

・『武術の視点』 合気ニュース　1999年

・『剣の思想』 前田英樹共著　青土社　2001年

追記

私の武術の術理と技法に関しては、この七年間に、さまざまな展開があり、本書で七年前に説いている「四方輪の膨張」や「一足立」等といった術理も、いまとなっては、なつかしさが何より先だつが、こういった術理研究の過程を経て、今日があることはたしかである。

そこで、この〝追記〟では、本文の中でも説いている、固定的な視点をもったワイパー状のヒンジ運動の否定や、体を捻じり、タメをつくるという一般的には有用とされている運動を否定し、不安定を使いこなす、といった現在でも、私が、私の技の基本として、しばしば説いていることを踏まえ、現在私が取り組んでいる技の術理の概要を述べてみたいと思っている。

武術の動きというのは、もともと命がかかわっている状況下の動きであるから、相手に予測されにくい動きでもある必要がある。

したがって、タメのあるうねり系の動きは、力は出しやすいが、相手にさとられやすいため武術には向かないことが多いといえる。

したがって、床を強く蹴ったり、踏ん張ったりして、体の捻じりを使った、一般的にパワーが出るとされる動きとは別の動きのシステムを構築しなければならない。

そのためにはまず自分の体の運用のシステムを根本的に改める必要がある。

そこで、私が用いた方法は、身体各部をより細かく割り、その細かく割った部分が、ちょうど群泳する魚が、瞬時に同方向に向きが変わるように使う、という術理である。

これは、マグロやイルカのように巧みに水を泳ぐ大型の魚であっても（もっともイルカは魚類ではないが）、これらと同体重の何千、何万とも知れない小さな魚の群れが、瞬間にいっせいに向きを変える速度には、とうてい及ばない、という例を挙げれば、理解することができると思う。

つまり、哺乳類の群れが向きを変えるような波状、うねり系の、ドミノ倒しのような動きでは、力の伝わり方が、まさに波状、ドミノ倒し的であり時間がかかってしまうし、短時間にさまざまな方向に動こうとしたとき、先頭と後半では、動きの方向が違うので、動きの方向を変えるたびに中程で渋滞や逆流が起こり、動きに〝つまり〟が生じてしまうのである。

この、身体を細かく割る作業と、割った身体のそれぞれを、渋滞や〝つまり〟なく速やかに動かす、身体の運用、操縦法は、現在にいたるまで、そしてこの先も、私の稽古における重要なテーマのひとつである。

このことに関連して最近思うことは、少し以前から、親しく交流させていただいている中国武術の傑出した使い手でもある光岡英稔氏から教わった站椿功も、身体を、より微細に割る優れた方法ではないか、ということである。

光岡氏とは、今後、共著を出す企画もあり、さまざまな刺激を受けると思う。御縁のあったことに深く感謝している。

いまも述べたように、一般的には「有効である」と深く信じ込まれている、身体を捻じって、その捻じり戻しでパワーをうるという方法も、けっして最善ではないことが理解されると思う。

そして、この捻じらない、という動きは日本に於いては、和服という、直袖裁ちの布を、帯や紐《ひも》で縛って着るという生活形態のなかで、着崩れを起こさない為に必然的に育まれてきていたのである。

有名な菱川師宣の『見返り美人』の絵で、モデルの女性が、後を振り向くとき、膝を少し曲げているのは、明らかに身体を捻じらないという身体運用法の原理を明らかにしている。

さて、では、その「捻じらない」という動きで、どうやって威力のあるエネルギーを生み出すのかというと、「塵もつもれば山となる」という諺もあるように、細かく割れた部分が、共同募金《ぼきん》のように、無理のない力を出し合い、それを稽古によって構築しておいた、力の変換システム（滑車やギアや弓矢といった装置や道具を考えてもらうと、多少分かるかと思うが）を通すことによって、その時々の目的に沿った大きさや、スピードを持った〝働き〟として用いるのである。

具体的な例を挙げれば、全身の力を抜き、重心をあちこちに移動することによって泥酔状態の人間以上に、抱き上げにくい身体状態を作り、持ち上げようとした者を逆に潰《つぶ》したり、木材にハンマーで打ち込んだ釘が節などの硬い部分に当たったとき、釘の先端が急停止させられて入っていかなくなることによって、そこに大きなエネルギーが発生し、釘の頭を潰したり、釘を曲げたりするのと同じく、激烈な急停止状態をつくると、全体としてはゆっくり動いていても、その強烈な停止のさせ方によって、一般にみられる体をうねらせて打ったり叩いたりする以上の打突力が生まれるのである（剣術では抜技も速くなる）。

この、止めることにより力を浸透させ威力を増す、ということは、古くから、拳法、空手、さらには療術等の世界でも言われていたことであるが、あらためて、この働きに気づくことができたのは、私の技を陸上競技の指導に取り入れて種々の成果を挙げられている、小森君美先生の助言が大きい。洞察力にすぐれた人物の一言というのは、それまで頭で知っていただけのことが俄《にわ》かに光を帯びてくるものである。

あらためて御縁のあったことに感謝したい。

このような、種々な働きや術理を、剣術、抜刀術、杖術、体術、手裏剣術等の稽古で、相互に有機的な考察を行ない、研究を行っているのである。

こうした稽古の過程で、五十歳を超えた今日、二十代、三十代の頃はもちろん、この『武術の新・人間学』を書いた四十代の頃もできなかった、私の体重の倍近い、アメリカンフットボールの現役選手のガードを崩して前に出たり、ブロックにくるバスケットボールの選手のガードをすり抜ける、ベテランのプロ野球のピッチャーに、より気配の出ない打ち難い投球フォームをアドバイスする等、といったことが可能になってきたのである。

そうした、スポーツに私の武術の動きを応用展開したとき、専門のスポーツ選手に驚いてもらえるほどの体捌《たいさば》きが育ってきたが、私が専門としている武術の中で、七年前と、今とでは特に際立った変化があったのは、手裏剣術である。

本書の本文の中で、直打法による根岸流の手裏剣術は、「直打法としては例外的な七間、十三メートル以上も届くようにしたのですが、直打法で六間以上となると非常に難しいですね」と書いているが、そのことを書いた翌年から手裏剣術に対する新たな工夫をはじめ、現在では、直打法の手裏剣術としては常識を破った十間（約十八メートル）をこえた距離まで、私と、この道の研究協力者である江崎義巳氏は通しており、当時非常に難しいとされた六間の距離は、いまではそれほど難しいことではなくなっている。

これは、剣の寸法を、当時の四寸七分（約十四・三センチメートル）から、六寸一分（約十八・五センチメートル）ほどに伸ばしたということも、大きな理由のひとつだが、そうした寸法の剣を私の希望を十二分に叶《かな》えるかたちで見事に造り上げるようになった江崎氏の献身的な協力によるところも大である。

江崎氏は、この『武術の新・人間学』を私が書いていた頃、私について手裏剣術と剣の造り方を学びはじめられ、その後本格的な鍛冶仕事も身につけて、やがて、惚れぼれとするような剣の造り手となった。

江崎氏のような協力者のお陰で、マイナーで超マニアックな武術と思われがちな手裏剣術も、現在では私に関わられた、何人かの方々、たとえば作家の多田容子女史や、長谷川智、金田伸夫、古谷一郎、矢野龍彦といった桐朋学園の先生方、また、本書の解説を書いてくださった内田樹教授、といった方々を通して、新しい形で世に紹介されはじめている。

この手裏剣術に関しては、この道を私に伝えてくださった古武術界の長老、名和弓雄先生、今は故人となられた、私の一番の恩師である、根岸流四代目前田勇先生、そして前田先生の高弟で（実質的な後継者でもある）、現在も何かと資料などを送ってくださる寺坂進先生には、この場を借りて、心から御礼を申し上げたい。

また、私に、東北の山中という、これ以上ないほど快い稽古の場と杉の伐根《ばっこん》という手裏剣術の稽古の的として最適の材を供給し、私が手裏剣術の研究にあらためて取り組むキッカケを作っていただいた、佐藤光夫・円夫妻にも深い感謝の意を表したい。

この追記の中で手裏剣術について、これほど紙数を多く割いたのは、この身体がうねりやすい動きを、いかになくすかということに直結している武術の修練が、これからの私の動きの質的転換に大きな手がかりとなる気がしているからである。そのため手裏剣を手の内に収めた写真も、今回新しく撮り直したものを使用した。

今回の文庫本化にあたっては、この〝追記〟枠の設定をはじめ、いくつものアイディアを出し、終始、情熱を傾けて編集作業に取り組んでいただいたＰＨＰ研究所文庫出版部の太田智一氏に、感謝の意を表したい。

解説

「ご縁の人・甲野先生」

内田《うちだ》　樹《たつる》

甲野先生は「ご縁の人」である。

本書のなかにも、「降りるバス停を一つ間違えた」ばかりに思いもかけない出会いに恵まれたという一節があるが、たぶんこのひとことのうちに、甲野先生の「出会い」の原理は凝縮されている（甲野先生はこのときバス停を一つ間違えて「整体」という思想と技法に出会うことになる）。

蜘蛛《くも》は風になぶられるに任せて、こちらの枝、あちらの枯れ葉に細い糸を紡いでは結ぶうちに、幾何学的な紋様を宙空に織りなす。甲野先生もまた、「バス停一つ」ほどの偶然に導かれて降り立った場所で、思いもかけない出会いを重ねているうちに、いつのまにか、まるで誰かが仕組んで誂《あつら》えたような巨大なネットワークを構築してしまった方である。

そのことにいちばん驚き、またそのことをいちばん楽しんでいるのは、たぶん甲野先生ご自身だろう。

甲野先生が武術の稽古を始めたのは「人間は自由なのか、それとも宿命に操られているのか？」という「運命の定・不定」についての問いに取りつかれたことに原因がある。このことは自伝的な書き物のなかに繰り返し出てくるから、ご存知の方も多いだろう。

人間は自由なのか、それとも宿命の糸に導かれているのか？

それについて甲野先生が最終的にたどりついた答えは「人間は自由であるときにこそ、その宿命を知る」ということであった。

私はこの洞見に深い共感を覚えるものである。

自由と宿命は「矛盾するもの」ではなく、むしろ「位相の違うもの」である。ほんとうに自由な人間だけが、おのれの宿命を知ることができる。私はそのように考えている。

何のために自分はこの世界に生まれ来て、限られた時間を過ごすことになったのか。それを知りたいと私たちはみな思う。

多くの人は、そのような問いにとらえられると、レディメイドの世間知や哲学や宗教に答えを求めようとする。たしかにそこへ行けば答えはすぐに手に入る。でも、それは「万人向きの答え」でしかない。

「長い物には巻かれろ」でも、「物自体に帰れ」でも「愛こそすべて」でも「神を信ぜよ」でも、なるほどそれはその通りかもしれないけれど、そのような教えは「私だけが成就でき、私がそれを果たさなければ誰も私の代わりになれないような個人的使信」は何か、ということについては何も教えてくれない。

自由であるというのは、ひとことで言えば、人生のさまざまな分岐点において決断を下すとき、誰の命令にも従わず、自分ひとりで判断し、決定の全責任をひとりで負う、ということに尽くされる。

他人の言葉に右往左往する人間、他人に決断の基準を訊《たず》ねる人間、それは自由とは何かを知らない人間である。そのような人は、ついにおのれの宿命について知ることがないだろう。

おそらく甲野先生が「運命の定・不定」の問題についてたどりついた答えは、そのような決定的に単独であることを引き受けた人間にだけ、宿命は開示されるということではないか、と私は解釈している。

だから、甲野先生における「ご縁」は決してその言葉が連想させるような「あなた任せ」の受動的なものと解されてはならない。

「ご縁」というのは、いわば道のない野原をたどっている二人の人間が、狙いすましたように、ある地点に、同時刻にたどりつくことである。地図やガイドブックに相談したり、案内人に引率されて道を歩むものの身には決してそのような出会いは起こらない。誰の指図も受けず、おのれの直観に従ってまっすぐ一筋の道を歩むものだけが、まさにその時刻にまさに他ならぬその場所に、出会うべき人と出会うために、引き寄せられて来るのである。

私もまた「バス停一つ」ほどの偶然から甲野先生の知遇を得ることになった「ご縁ネットワーク」の中の一人である。「偶然」とはどれほど「偶然」でないかを知る貴重な経験であったので、その話をご紹介したいと思う。それは時間順に起こったことでもないし、直線的な因果関係のある出来事でもない。いろいろなことが複数の場で、同時に起こった、不思議な経験であった。

（1）甲野先生の一知人が田口ランディさんの小説『モザイク』を読んで、そこに登場する主人公の祖父の武道家が語る古武術についての解説が甲野先生のものに酷似していることに気づいた。その知らせを受けて、甲野先生も早速読んでみた。すると、たしかにこれは甲野先生の術理そのものである。

（2）ふと、心当たりを訊ねてみると、ある編集者（実は本書『武術の新・人間学』

の編集者であった大久保龍也さん）が別の本でランディさんの担当者をしていて、彼女に「これ、面白いですよ」と甲野先生と養老孟司先生の共著『自分の頭と身体《からだ》で考える』をお贈りしていたことが分かった。
（3）甲野先生はこれに「ご縁」を感じて、次のような推論をされたのである。「私とランディさんのあいだには、どうやらある種の『ご縁』がある。もし、この二人に同時に関心を寄せている人がいたら、その人と私もまたかなり深い『ご縁』でつながっているということにはならないだろうか？」
（4）そこで、先生は知人に頼んで、インターネットの検索エンジンというものを使い「甲野善紀」と「田口ランディ」という二人の人物を同時に言及しているサイトを探すという奇手を試みられたのである。
（5）意外なことに、日本にある数百万のウェブサイトのうち、「甲野善紀」と「田口ランディ」の二つの名前をともに含む個人サイトはただ一つしか存在しなかった。ご賢察のとおり、それが「神戸女学院大学・内田樹研究室のホームページ」だったのである。
（6）そのホームページの日記に、私はこれまで何度か甲野先生についてのコメントを書き記していた。それは二〇〇〇年の秋ごろから、合気道の修業過程で私なりに武術的な「気づき」があり、その術理を確かめたくて甲野先生の著作を改めて読み直し、ビデオ『松聲館《しょうせいかん》の技法』シリーズを繰り返し見ていたころに、折にふれて書いたものである。私はその中で、甲野善紀、黒田鉄山という二人の同世代の傑出した武術家のおかげで私たちが武術の術理を合理的に語る語法を手に入れたこと、とりわけ、甲野先生がそのつどの技法の形成過程をリアルタイムでレポートする「情報開示」を徹底していることに、一人の武術研究者として敬意と謝意を表していた（田口ランディさんについてはホームページの新刊レビューで『アンテナ』と『コンセント』を取り上げていたのである）。

（7）私のホームページのハードコピーを貰って一読した甲野先生は、私の武道歴を記した箇所で、私が顧問をしている大学の杖道会《じょうどうかい》の師範として「O氏」の名があるのを発見して一驚を喫した。

（8）というのは、かつて甲野先生が『剣の精神誌』で、ある剣客に言及したところ、その剣客は私の祖先であるとして、お墓の写真や資料を郵送してくれた奇特な一読者があり、その方がたしか「O」という珍しい姓の方だったのである。

（9）これは同一人物に違いないと直感された甲野先生はO氏に電話をかけて、「もしや、ウチダ・タツルという人をご存知ではないですか？」と問われたのである……。

こうして、幾重にも関係が入り交じって一本の「ご縁」の線が浮き上がり、ついに甲野先生は「こうなったら、一度神戸へ行って、この人に会ってみなければなるまい」と肚《はら》を括《くく》られたのである。そして、O氏のなかだちで、話はとんとんと進み、二〇〇一年の十二月に講演会と講習会のために甲野先生は私たちの大学に下駄音も高らかに登場されたのであった……。

そのあと、どのような仰天と爆笑の日々が展開することになったのかは、またまた稿を改めてご報告したいと思うが、わずか半年余のあいだに甲野先生とはずいぶん長い時間をご一緒することになった。

なぜか話はあまり武術関係には落ち着かず、教育論、フェミニズム、「生き霊の飛ばし方」など、私の好きな方面に逸脱を重ねている。そこに甲野先生の盟友である精神科医の名越康文先生、私の同僚で漱石研究の飯田祐子先生らが絡んで来ると、談論風発、話題は奇を極めて終わるところを知らないのである。

私と甲野先生の「ご縁」のことだけでずいぶん紙数を費やしてしまった。本書のご紹介という本来の仕事にかからねば。

さて、本書はまさに「話題は奇を極めて終わるところを知らない」甲野先生の語り口を実にみごとに再現している。

甲野先生は人も知る座談の名手である。

とくに伝説的武術家の逸話を語るときの間《ま》の巧みさ、佳境に入ったときのテンポのよさ、最後のサゲの切り上げ方などは、もう天性のものとしか言いようがない。

「こんな話でよかったら、朝までしますよ」と先生は笑われるが、実は、こういう「逸話」を一節通して語るというのは、「ほんとうにたいせつなこと」を教える上で非常に効果的な「教育」方法なのである。

ある概念が「何を意味するか」を初学者に教えようとしたら、ただそれを厳密に定義してみたり、別の言葉に言い換えてみても、ほとんど効果がない（「超越論的自我」や「デリヴァティヴ商品」の意味するところを、用語辞典の解説を読み上げただけでは中学生に理解させることはできない）。

ある概念を「持っていない」人間に、その概念を「分からせる」ためには、「お話を一つ」しなければいけない。

簡単な概念であれば、短い「お話」で意は通じるだろう。しかし、概念の難度が増すにつれて、「お話」は長くなり、登場人物の数はふえる。

「お話」の中では不可思議な出来事が語られる。

私たちはそれを記憶する。

それが何を意味するのか、教訓は何か、それは聞いただけでは分からないし、さしあたってはどうでもいいことだ。

けれどもその「お話」が喚起した鮮烈な図像や、響きわたる音響や、熱や、香りや、痛みは、はっきりと記憶されて、身体の奥底に沈殿する。

そうやって沈殿した「お話」は私たちの中で長い時間をかけて、ゆっくり「発酵」する。そして、そこからある日「ぽこっ」と泡が出てきて、意識の表層までたどりついたとき、私たちは不意に「あ、分かった」と膝を叩くことになるのである。

「お話の効用」とはそのようなものである。

教えようとすることがむずかしければむずかしいだけ、お話は「奇妙な味」のものになる。嚙み砕きにくく、消化されにくいものになる。

そのように、いつまでも「消化されない」で身体の奥底にとどまるような「お話」、熟成するまでに長い歳月を要する「お話」が、「ほんとうにたいせつなこと」を語るお話なのである。

本書は全篇そのような「お話」で埋め尽くされている。

本書を構成する七二節はすべてが「ある傑出した個人」について――桜井章一か

ら千葉周作まで、あらゆるジャンルにわたる畸人《きじん》たち——の印象深いエピソードを含んでいる。

それらのエピソードがどういう風に繋《つな》がっているのか、総じてどんな教訓を読者に与えようとしているのか、それを気ぜわしく問うべきではない。

これらのエピソードはいずれも「すらすら読めるけれど、読み終えたあとに、ちょっと奇妙な感じが残る」逸話である。さきほどの形容を使って言うと「消化しにくい」お話である。

本書を読んでから五年、十年、あるいは二十年してから、この本のことをすっかり忘れたある日、「あ、あの話は、そういうことだったのか」と膝を打つ、ということが読者の身にきっと起こるだろうと私は思う。

だから、これは赤鉛筆を手にして、重要箇所に傍線を引きつつ、ごりごりと読むような本ではない。むしろ、甲野先生の隣に坐って絶妙の座談を聞いているような、くつろいだ気分で、頁をゆっくりめくって読んで欲しいと思う。むかし子供のころに老人から、語り継がれた寝物語の昔話を聞くように、心静かに、何度も読み返して欲しいと思う。

（神戸女学院大学文学部教授〈フランス現代思想・武道論〉）

著者紹介
甲野善紀（こうの　よしのり）
1949年、東京生まれ。1978年、武術稽古研究会・松聲館を設立。以後、他武道や異分野との交流を通して、現在では失われた精妙な古伝の術理と技法を探究している。
著書に、『表の体育・裏の体育』『武術を語る』（以上、壮神社）、『古武術の発見』（養老孟司氏との共著・光文社）、『古武術からの発想』（ＰＨＰ研究所）、『自分の頭と身体《からだ》で考える』（共著・ＰＨＰ文庫）、『縁の森』（中島章夫氏との共著）『武術の視点』（以上、合気ニュース）、『スプリット』（カルメン・マキ、名越康文両氏との共著）『剣の精神誌』（以上、新曜社）、『剣の思想』（前田英樹氏との共著・青土社）など多数がある。

※武術稽古研究会・松聲館ホームページ
http://www.shouseikan.com

この作品は、一九九五年十一月にＰＨＰ研究所より刊行された。

PHP文庫　武術の新・人間学
温故知新の身体論

2002年11月15日　第1版第1刷

著者　甲野善紀
発行者　江口克彦
発行所　PHP研究所
東京本部　〒102-8331 千代田区三番町3番地10
文庫出版部　☎03-3239-6259
普及一部　☎03-3239-6233
京都本部　〒601-8411 京都市南区西九条北ノ内町11
PHP INTERFACE　http://www.php.co.jp/
制作協力
組版
PHPエディターズ・グループ
印刷所
製本所
図書印刷株式会社

ISBN4-569-57843-8

PHP文庫

川島令三 編著　鉄道なるほど雑学事典2
川島令三 編著　通勤電車なるほど雑学事典
川島令三／岡田直　鉄道のすべてがわかる事典
金盛浦子　あなたらしいあなたが一番いい
神川武利　秋山真之
快適生活研究会　「料理」ワザあり事典
快適生活研究会　「海外旅行」ワザあり事典
快適生活研究会　「生活」ワザあり事典
邱永漢　お金持ち気分で海外旅行
桐生操　イギリス怖くて不思議なお話
桐生操　イギリス不思議な幽霊屋敷
桐生操　世界史怖くて不思議なお話
桐生操　世界史・呪われた怪奇ミステリー
北岡俊明　ディベートがうまくなる法
北岡俊明　最強のディベート術
菊池道人　丹羽長秀
北嶋廣敏　話のネタ大事典
日下公人　裏と表から考えなさい
国司義彦　「30代の生き方」を本気で考える本
国司義彦　新・定年準備講座

黒岩重吾　古代史の真相
国沢光宏　とっておきクルマ学
公文教育研究所　太陽ママのすすめ
黒鉄ヒロシ　新選組
黒鉄ヒロシ　坂本龍馬
國分康孝　人間関係がラクになる心理学
國分康孝　自分を変える心理学
國分康孝　自分をラクにする心理学
児玉佳子／須藤亜希子　赤ちゃんの気持ちがわかる本
近藤唯之　プロ野球 新サムライ列伝
小石雄一　「朝」の達人
小林祥晃　Dr.コパの風水の秘密
小林祥晃　恋と仕事に効くインテリア風水
小池直己　英文法を5日間で攻略する本
小池直己　3日間で征服する「実戦」英文法
小池直己　TOEIC®テストの「決まり文句」
コイケ・ケイコ／チョン・ウンスク　チープグルメ探険隊、韓国を行く！
斎藤茂太　立派な親ほど子供をダメにする
斎藤茂太　心のウサが晴れる本
斎藤茂太　男を磨く酒の本

斎藤茂太　逆境がプラスに変わる考え方
斎藤茂太　初対面で相手の心をつかむ法
斎藤茂太　満足できる人生のヒント
斎藤茂太　10代の子供のしつけ方
堺屋太一　組織の盛衰
佐竹申伍　島左近
佐竹申伍　蒲生氏郷
佐竹申伍　真田幸村
佐竹申伍　加藤清正
阪本亮一　できる営業マンはお客と何を話しているのか
柴門ふみ　フーミンのお母さんを楽しむ本
柴門ふみ　恋愛論
佐藤愛子　上機嫌の本
佐藤綾子　自分を見つめなおす22章
佐藤綾子　かしこい女は、かわいく生きる。
佐藤綾子　すてきな自分への22章
酒井美意子　花のある女の子の育て方
佐藤勝彦 監修　「相対性理論」を楽しむ本
佐藤勝彦 監修　最新宇宙論と天文学を楽しむ本
佐藤勝彦 監修　「量子論」を楽しむ本

PHP文庫

坂崎重盛　なぜ、この人の周りに人が集まるのか
渋谷昌三　外見だけで人を判断する技術
渋谷昌三　対人関係で度胸をつける技術
真藤建志郎　ことわざを楽しむ辞典
芝　豪　河井継之助
所澤秀樹　鉄道の謎なるほど事典
陣川公平　よくわかる会社経理
陣川公平　これならわかる「経営分析」
重松一義　江戸の犯罪白書
柴田　武　知ってるようで知らない日本語
鈴木秀子　自分探し、他人探し
鈴木　豊　「顧客満足」の基本がわかる本
世界博学倶楽部　「世界地理」なるほど雑学事典
関　裕二　古代史の秘密を握る人たち
谷沢永一　司馬遼太郎の贈りもの
谷沢永一　反日的日本人の思想
谷沢永一／渡部昇一　人生は論語に窮まる
田中澄江　子供にいい親　悪い親
田中澄江　「しつけ」の上手い親・下手な親
田中澄江　かしこい女性になりなさい

高橋克彦　風の陣〔立志篇〕
田原　紘　「絶対感覚」ゴルフ
田原　紘　飛んで曲がらない「二軸打法」
田原　紘　ゴルフ下手が治る本
立川志の輔 選・監修／PHP研究所 編　古典落語100席
高橋安昭　会社の数字に強くなる本
高野　澄　上杉鷹山の指導力
田島みるく 文／絵　お子様ってやつは
田島みるく 文／絵　「出産」ってやつは
髙嶌幸広　説明上手になる本
髙嶌幸広　説得上手になる本
立石　優　范蠡
多賀一史　日本海軍艦艇ハンドブック
柘植久慶　北朝鮮軍ついに南侵す！
柘植久慶　旅順
出口保夫 文／出口雄大 イラスト　英国紅茶への招待
出口保夫／林　望　イギリスはかしこい
寺林　峻　服部半蔵
帝国データバンク情報部 編　危ない会社の見分け方
童門冬二　「情」の管理・「知」の管理

童門冬二　上杉鷹山の経営学
童門冬二　上杉鷹山と細井平洲
童門冬二　宮本武蔵の人生訓
戸部新十郎　忍者の謎
外山滋比古　聡明な女は話がうまい
外山滋比古　文章を書くこころ
外山滋比古　新編 ことばの作法
土門周平　参謀の戦争
永崎一則　人はことばに励まされ、ことばで鍛えられる
中村幸昭　マグロは時速160キロで泳ぐ
中谷彰宏　大人の恋の達人
中谷彰宏　運を味方にする達人
中谷彰宏　君がきれいになった理由
中谷彰宏　3年後の君のために
中谷彰宏　次の恋はもう始まっている
中谷彰宏　ひと駅の間に知的になる
中谷彰宏　入社3年目までに勝負がつく77の法則
中谷彰宏　こんな上司と働きたい
中谷彰宏　一回のお客さんを信者にする
中谷彰宏　僕は君のここが好き

PHP文庫

中谷彰宏　気がきく人になる心理テスト
中谷彰宏　本当の君に会いたい
中谷彰宏　一生この上司についていく
中谷彰宏　君のしぐさに恋をした
中谷彰宏　超　管　理　職
中谷彰宏　人生は成功するようにできている
中谷彰宏　知的な女性は、スタイルがいい。
中谷彰宏　週末に生まれ変わる50の方法
中谷彰宏　朝に生まれ変わる50の方法
中谷彰宏　忘れられない君のひと言
中谷彰宏　なぜ彼女にオーラを感じるのか
中谷彰宏　運命を変える50の小さな習慣
中谷彰宏　なぜあの人はプレッシャーに強いのか
中村晃　直　江　兼　続
中村晃　児　玉　源　太　郎
長崎快宏　アジア・ケチケチ一人旅
長崎快宏　アジア笑って一人旅
長崎快宏　アジアでくつろぐ
中津文彦　日本史を操る　興亡の方程式
中津文彦　闇　の　関　ヶ　原

中江克己　神　々　の　足　跡
中江克己　日本史怖くて不思議な出来事
中山庸子　「夢ノート」のつくりかた
中山庸子　夢生活カレンダー
長瀬勝彦　うさぎにもわかる経済学
中西　安　数字が苦手な人の経営分析
鳴海　丈　柳屋お藤捕物帳
中山み登り　「あきらめない女」になろう
西尾幹二　歴史を裁く愚かさ
日本語表現研究会　間違い言葉の事典
日本博学倶楽部　「県民性」なるほど雑学事典
日本博学倶楽部　「歴史」の意外な結末
日本博学倶楽部　「日本地理」なるほど雑学事典
日本博学倶楽部　「関東」と「関西」こんなに違う事典
日本博学倶楽部　雑　学　大　学
日本博学倶楽部　世の中の「ウラ事情」はこうなっている
日本博学倶楽部　身のまわりの大疑問
西野武彦　経済用語に強くなる本
西野武彦　「金融」に強くなる本
浜尾　実　子供のほめ方・叱り方

浜尾　実　子供を伸ばす一言、ダメにする一言
畠山芳雄　人を育てる100の鉄則
半藤一利　日本海軍の興亡
半藤一利　ドキュメント太平洋戦争への道
半藤一利　完本・列伝　太平洋戦争
浜野卓也　黒　田　官　兵　衛
浜野卓也　吉　川　元　春
花村　奨　前　田　利　家
原田宗典　平凡なんてありえない
葉治英哉　松　平　容　保
葉治英哉　張　　　良
ハイパープレス　「地図」はこんなに面白い
秦　郁彦　ゼロ戦20番勝負
PHP研究所 編　違いのわかる事典
平井信義　5歳までのゆっくり子育て
平井信義　思いやりある子の育て方
平井信義　子供を伸ばす親・ダメにする親
平井信義　親がすべきこと・してはいけないこと
平井信義　子どもの能力の見つけ方・伸ばし方
平井信義　子どもを叱る前に読む本